レポート・論文の書き方入門 第4版

河野哲也

慶應義塾大学出版会

レポート・論文の書き方入門　第4版　　　目次

目　　次

1章　大学での勉強とレポート・論文の書き方
　　　―はじめてレポートを書く人のために― ……………………… 1
1.1.　本書の目的と特徴　2
1.1.1　本書の目的　2
1.1.2　本書の特徴　2
1.2.　大学の教育とレポート・論文の書き方　5
1.2.1　大学でのレポート・論文とは　5
1.2.2　「学‐問」と創造的能力の育成　5
1.2.3　講義中の態度・質問　7
1.2.4　レポート・論文とは「学‐問」である　7
1.3.　レポート・論文の有用性　9
1.4.　本書の構成　10

2章　テキスト批評という練習法 …………………………………… 13
2.1.　テキスト批評とは何か？　14
2.2.　なぜ本（テキスト）を読むのか？　15
2.3.　テキスト批評の仕方　17
2.3.1　テキストについて　17
2.3.2　全体の構成　17
2.3.3　各構成部分の作り方　19
2.4.　テキスト批評の効果　30

3章　論文の要件と構成 ……………………………………………… 31
3.1.　論文とは何か？　32
3.2.　レポートとは何か？　34
3.3.　レポートを書く際の注意　36
3.4.　論文の構成部分とその順序　40
3.5.　各部分で何を書くか？　43
3.5.1　「目次」　43
3.5.2　「序論」　44
3.5.3　「本論」　47
3.5.4　「結論」　50
3.5.5　「付録」　52
3.5.6　「文献表」　52
3.5.7　「索引」　53
3.5.8　「謝辞」、「まえがき」、「あとがき」　53
3.6.　その他の構成方法　55

4章　テーマ・問題の設定、本文の組み立て方 …………………………… 57
 4.1.　テーマ・問題の設定　58
 4.2.　本文の組み立て方　64

5章　注、引用、文献表のつけ方 ……………………………………………… 71
 5.1.　注のつけ方　72
  5.1.1　「注」とは何か？　72
  5.1.2　注の目的　72
  5.1.3　注の種類　73
 5.2.　注記号（番号）と注欄のつけ方　74
  5.2.1　注記号（番号）のつけ方　74
  5.2.2　注欄のつけ方　74
  5.2.3　注のつけ方の注意　74
 5.3.　引用の仕方　76
  5.3.1　著作権と引用　76
  5.3.2　引用の仕方　77
  5.3.3　引用の際の注意　77
 5.4.　注欄における引用出典の書き方　80
  5.4.1　日本語での一般的な出典表記法　80
  5.4.2　引用出典の実例　81
  5.4.3　同一出典の略記　83
  5.4.4　欧文語の文献を引用した時の出典表記法　84
  5.4.5　引用出典の実例　86
  5.4.6　簡易な組込注のつけ方　87
 5.5.　文献表の作り方　90
  5.5.1　作成上注意すべき点　90
  5.5.2　日本語での細目表記順序　91
  5.5.3　欧文文献の表記の仕方　91
 5.6.　欧文略号・略記一覧　95

付録1　「見本レポート」　98
付録2　接続語・接続表現による文の論理的結合　105
付録3　インターネットの利用法　107
参考文献　114
あとがき　119

1章 大学での勉強とレポート・論文の書き方

―はじめてレポートを書く人のために―

1.1. 本書の目的と特徴

1.1.1 本書の目的

この本は、大学ではじめてレポートを書こうと思っている人や、卒業論文に取り掛かろうとしている人のために、そもそも大学でのレポートや論文とは何か、どう書くのか、を初歩から説明したものです。

とくに、大学の1・2年生の総合的教育の講義でレポートを課された人や、通信教育のレポートを書こうと思っている人には、ぜひ知っておいてほしい基礎的な事柄が述べられています。

1.1.2 本書の特徴

(1) 本書では、レポートや論文を書くときに踏まえなければならない基本的な**要件と形式**をもっとも重視しています。

皆さんは、大学に提出したご自分のレポートや論文が、「感想文の域を出ていない」と評価されたことはないでしょうか。あるいは、何をもってレポートや論文と言うのかご存じでしょうか。日本の学生、とくにいわゆる文系の1・2年の学生は、感想文・エッセイと呼ばれるものと、学術的な文章であるレポート論文の区別がついていない場合がまだ多いのです。

本書は、この区別をはっきりと示しながら、簡単なレポートから卒業論文レヴェルまでを念頭に置き、レポートや論文の構成の仕方をハウ・ツー的にまとめてみました。本書で言う論文とは、おもに実験や観測、統計的調査などを伴わない人文・社会科学系の分野のものを想定していますが、そのほかの分野においても基本は変わることはありません。

(2) 第二に本書の特徴として、「**テキスト批評**」という、これまであまり紹介されていなかった**レポート・論文の非常に有**

効な準備方法について詳しく説明してあります。

　新入生がいきなり独創性のあるレポートを書くことなど、日本の教育法では、ほとんど不可能です。そればかりか、卒業論文を書かなくてはならない段になっても、多くの学生が入学時からあまり進歩していないのが実情です。とくに、学生にとっての悩みの種は、テーマ設定とテーマに関する問題設定です。卒業論文では、自分自身でテーマを設定しなければなりませんが、テーマは、突然思いつくものではないからです。

　そこで、本書が推薦する有効な練習方法が**テキスト批評**です。「テキスト批評」とは、ある論文なり著作なりを読んで要約し、そこから自分なりの問題を提起して、その議論を展開させる文章です。批評（コメンタリー）を書くことは、その本の主張を鵜呑みにするのでなく、検討し考えながら読む練習になります。それと同時に、自分独自のテーマ（主題）で論文を書くための、非常によい準備にもなります。重要な著作を読みながら、自分のテーマや問題を形成していく過程を学ぶことができるからです。

　また、本書で養ってほしいのは、**議論（argument）するのに必要な表現力**です。「議論」とは、意見が不一致ないし対立している場合にそれを一致させたり、表明された意見の真偽を明らかにしようとするコミュニケーションのことです。レポート・論文は、議論から成り立っています。テキスト批評は、この、議論する能力を向上させます。

　(3)　第三に、本書は、**「レポート・論文の書き方」**という授業のテキストに使えるように考慮しました。アカデミックな表現力の向上を目的とした授業を行っている大学は近年かなり増

えてきていますが、まだ本当にその教育方法が確立しているは言えません。しかし表現力やコミュニケーション能力を養うことは、今の社会でますます重要になっています。

　「レポート・論文の書き方」という授業があるならば、本書の順序どおり、まずテキスト批評から始めて、そのなかで生まれたテーマと問題について、レポートなり論文なりを書くという手順が学生にとってやりやすく、また、その後の論文作成のためにも効果的と思われます。

(4)　第四の本書の特徴は、**注や参考文献表の作成方法についての具体例を多くのせて、実用的であること**を心がけた点にあります。実際にレポート・論文を書いている時に手元において、いつでも使えるように工夫しました。後述するように、大学でのレポート・論文だからといって、引用や参考文献の出典をおろそかにはできません。

　注や参考文献表の作成は最初は煩瑣に感じますが、規則さえ覚えればそれほど苦ではなくなります。その点、マニュアルや辞書のように本書を利用していただければよいと思います。

1.2. 大学の教育とレポート・論文の書き方

1.2.1 大学でのレポート・論文とは

　これまでの高校までの試験では、記憶をためす穴埋め式や短い記述式が出題の多くを占めていました。しかし今後の大学受験では論理的な論述力が重視されるようになります。大学に入れば、レポートを提出する機会は格段に増えますし、分量もずっと長いものを書かねばなりません。また、最終学年では、多くの学生が卒業論文を書くことを求められます。

　といっても、最初は大多数の学生が、「レポートや論文は、感想文とはどう違うのだろうか」とか、「論文はどのように構成したらよいのか」、「どのようにテーマを決めたらよいのだろうか」、「どうしたら論理的な文章が書けるのだろうか」といったごく初歩的な疑問を持っています。それもそのはずで、高校まででではこうした文章を書く技術をほとんど教えられていませんし、大学でもきちんと授業で学ぶ機会がなく、自己流で習得していることも多いのです。では、どうしたら満足のゆくレポートや論文を要領よく書けるようになるでしょうか。

　その実際を説明する前に、レポート・論文を書くことは、大学教育においてどのような意味合いを持つのか述べておきましょう。まず、大学での**学問**と高校までの**学習**との違いに注意しておく必要があります。レポートや論文とは、学習ではなく、学問にかかわる文章のことだからです。

1.2.2 「学-問」と創造的能力の育成

　大学は学問をするところです。「学問」と聞くと何かとても堅苦しい印象がありますが、言葉を分解すると分かりやすくなります。それは、「学」んで「問」うことです。

　高校までの勉強では、社会に出るために必要な教養や常識、

実用的知識を学びます。それらは基礎ですから、徹底的に記憶する必要もあるでしょうし、くり返し問題を解くように練習する必要もあるでしょう。こうした勉強は、既存の知識や問題解決法を吸収し獲得することに重きを置いた**学習**であると言えます。

　大学にはさまざまな専門分野があり、そこでも専門的知識の習得を行います。しかし、いずれの分野においても、ただ受け身に知識を「学習」するだけでは、大学教育としては不十分です。と言うのも、完全な知識なるものは存在しませんし、すべての理論はいまだ仮説である以上、従来の知識や理論をつねに自分で更新してゆく必要があるからです。つまり、大学では、現在要求されている専門知識の習得を目指す一方で、これまでの知識や理論、常識をいったん疑い、それが本当に正しいかどうか確かめる**批判的検討能力**や、なにが真の問題なのかを発見し、新たな解決法や対処法を見つけだしていく**問題発見－解決能力**の養成が求められます。

　このことを人間をコンピュータにたとえて説明するならば、知識の習得は、コンピュータに情報を入力し記憶させることに当たりますが、一方、**批判的検討能力**や**問題発見－解決能力**のほうは、そもそも情報を読み取り処理しているプログラムそのものを、自分で書き換える能力に当たります。プログラムが旧来のままでは、問題解決はおろか、新しいデータを読むことすらできない、ということになるでしょう。こうした創造的な能力は、新たな産業を生み出し、社会を刷新し、組織変革をしてゆかねばならない今日の社会では、より重視されます。

　このような高度の創造性は、自分でさまざまなことに問いを発してゆくことで徐々に養われていきます。これが、大学での

勉強が、単に「学」ぶだけではなく、「問」う態度が求められる理由なのです。

1.2.3 講義中の態度・質問

講義において、積極的に質問することが奨励されるのも上と同じ理由からです。しばしば、講義の進行を妨害するのではないか、他のみんなは分かっているのではないかと思って、講義中に手をあげて質問することを躊躇する人がいます。しかし遠慮は無用です。講義は、**全員**に向かってなされているのではなく、**各員**に向けられているのだ、と考えるべきです。一人が疑問に思ったことは、たいてい他の人も疑問に思っているものですし、教える側でも自分の説明の盲点に気づかないでいることもあります。質問はこの盲点に気づかせてくれます。

また、「それについて自分はこう考えるのだが、どうか」といった意見を表明するのも大変結構です。異なった意見や反論を出すことによって講義内容はさらに深く理解されますし、講義をより生き生きとした探求の過程にしてくれます。「学-問」するには人間と直接に対話することが大切です。対話こそが思考を刺激し、思考こそが単なる会話を深い対話へともたらします。大学で、ただ講義時に出席しているだけで先生や学生との交流がないなら、非常に多くのものを失っているのです。

1.2.4 レポート・論文とは「学-問」である

以上に述べてきたように、問題を見つけて解決していこうとする「学-問」的態度こそが、レポート・論文のような学術的文章と感想文やエッセイを区別するものです。つまり、**問題が提起してあり、その解答が与えられていることが、レポート・論文たり得るもっとも基本的な要件であり形式なのです**。端的には、**レポート・論文は、問い-答えという問答形式でできて**

いなければなりません。

　問答とは一種の対話です。したがって、たとえ一人で問題提起をして、自分一人で書いたとしても、レポート・論文は、根本的には対話によって形成されていきます。講義やゼミナールでの先生や他の学生との対話、あるいは、本や論文との「対話」が、レポート・論文を書くうえで、とくにテーマや問題を設定するうえで、重要なきっかけや材料を与えてくれるでしょう。

　考えてみれば、学問の始まりは、そもそも問答だったと言えます。現在の学問体系は、遠く紀元前4－5世紀の古代ギリシャに求められますが、その時代の代表的な哲学者ソクラテスやプラトンは、問答形式で議論を進めていました。また、東洋的学問の起源にある哲学的な仏典にせよ、儒教の書にせよ、対話形式で進行していくことはご存じのとおりです。学問とは、根本的に**問答**ないし**対話**によって成立していると言えます。

　以上のように、レポート・論文の書き方と、大学での学問のあり方は不即不離の関係にあります。本書で論文の形式や構成を重視するのも、表面的な型にこだわっているからではなく、形式にはそれだけの意味があるからなのです。本書で述べるのは、具体的にはレポート・論文という文章表現の仕方ですが、それを通して、大学での研究の仕方を身につけていただければ幸いです。

1.3. レポート・論文の有用性

　本書では、大学におけるレポート・論文の書き方を説明しますが、これは、大学のみならず実社会においても役に立つスキルです。

　一般企業であれ、公的機関であれ、他の組織であれ、ビジネス文書と呼ばれるものを書く機会がたくさんあります。そのなかにはごく簡単で形式的なものも多いでしょうが、一方、レポート、企画提案書、事業計画書、結果報告書など、それなりの分量でもって自分の考えや意見を打ち出し、読む人を十分説得しなくてはならないものもあります。その場合には、感情に訴える文章や美的・文学的な表現力よりも、論理的で実証的な表現力の方が、その文書の説得力を決定します。

　つまり、ビジネス文書は、大学でのレポートや論文と同じタイプの文書なのです。私たちの社会では、グローバル化がさらに加速し、多様な人びとに対する**説明責任**[*1]が重視されるようになりました。現代では、ますますさまざまな人と交渉し、自分の考えや立場を説明し、相手を説得してゆく高度のコミュニケーション能力が求められます。明確で論理的な表現力を養っておくことは、実生活上でも有用なことなのです。

---

*1　なぜこのことをしたのか、なぜこれをするのか、自分のとった行動の理由や根拠を外部に向かって説明し、正当化する責任のこと。「とにかく、任せておけ」といった白紙委任的な態度とちょうど逆の態度と言えます。

1.4. 本書の構成

　これまでの話で、レポートや論文を書くことが、大学教育で、さらには実社会で、どのような意味を持つのかお分かりになっていただけたものと思います。そこで以下、本書の構成を簡単に説明しておきます。

　まず、先に述べた「テキスト批評」のやり方を次の2章で説明します。**テキスト批評**は日本ではあまりなじみのない勉強方法ですが、大学の2・3年次にはゼミナールなどで類似のことを行う機会があると思います。批評（コメンタリー）は、講義や演習で使うテキストをいかにして読むか、またそこから、どのようにして論文のテーマや問題を見つけてくるか、といった力を養うにはとてもよい方法です。また、文章を書くこと自体が苦手な人も、著者の意見を要約する過程で、その力がついてくることが期待されます。

　3章では、レポートや論文の形式や要件について、4章では、テーマと問題の設定の仕方、本論の組み立て方について述べます。冒頭で述べたように、本書では、論文を書くときに踏まえなければならない基本的な**要件と形式**をもっとも重視しています。形式といっても、なにも煩瑣なものではなく、大まかな議論展開のルールに過ぎません。今までの議論を理解していただければ納得できると思います。

　5章では、注や参考文献表などの標準的な作成方法について、具体例をあげながら説明します。この部分は、読み通す必要はかならずしもありません。使いやすいように工夫しましたので、実際にレポート・論文を書くときに、むしろマニュアル的、辞書的に用いていただければよいと思います。これは、すでにレ

ポート・論文を書いているが、どうも注のつけ方がよく分からない、という人にも薦められます。

　付録1には、レポートとは最終的に出来あがるとどういう形になるのか、全体の構成を見わたせるように、完成レポートの具体例をのせてみました。

　また付録2に、「接続語・接続表現による文の論理的結合」を表示しておきました。接続語・接続表現は、文と文を論理的につなぐ役割を果たします。論理的な文章とは、一言でいえば、接続詞による分析がよくできている文章です。

　付録3では、「インターネットの利用法」を説明しています。ネット上の情報については、不適切な利用や、誤った引用の仕方が目につきます。付録3の引用表記法を参考にしてください。

　最後に、より詳しく論文作成法を知りたい人や、あるいは、より高度な論文を準備している人のために参考文献をあげておきました。本書はあくまでこれからレポートや論文をはじめて書こうとする人たちに向けた入門書なので、先に進みたい人は、それらを併せて参考にするとよいでしょう。

2章
テキスト批評という練習法

2.1. テキスト批評とは何か？

　前章で触れたように、テキスト批評は、テキストを批判的に検討する能力を養うと同時に、テーマが自由なレポートや論文を書くためのよい準備や練習となります。大学受験などで文章を読んでから書かせる小論文も、あまりに簡略化されてはいますが、テキスト批評の一種と言えます。

　テキスト批評は、文学作品の注釈として始まりました。私たちは、小説などを読んで面白いと思うことがありますが、「批評（コメンタリー）」は、そこから一歩突っ込んで、「どこが、なにが、面白かったのか」、「どうして面白いと思ったのか」、「これまでの本に比べてどこに特徴があるのか」など分析的に解説して、その著作の魅力や豊かさを最大限に引き出そうとする努力のことでした。

　こうして文学注釈に始まったテキスト批評は、現在では、著者の主張を批判的に検討する読解・解釈の仕方として、文学専攻にとどまらず、人文・社会科学のさまざまな分野で採用されています。そうしたテキストの批判的読解を通して、自分なりのテーマと問題を提起して議論する仕方を学ぶことになります。

2.2. なぜ本（テキスト）を読むのか？

　大学では、とくに人文・社会科学系の分野では、過去の重要な著作をテキスト（教科書）として講読することが不可欠です。講義では沢山の著作が講読指定されますし、ゼミナールでは、いくつもの本を会読し、それについて発表を求められます。

　しかし、なぜ、こんなに本を読まなくてはならないのでしょうか。「文学専攻ならともかく、自然科学や社会科学の分野では本より事実を見ることのほうが大切なのではないか。知識や理論は、事実から直接作り出せばよいではないか」。こう思われるかもしれません。

　しかし、事実そのものは、知識や理論とは独立に存在している、と考えるのは少々素朴です。再びコンピュータの例を使うなら、プログラムが入っていないコンピュータは、そもそもデータを読み込むことができませんし、プログラムが異なれば、読める情報も異なってきます。事実（＝データ）は、それを受けつけるための知識や理論（＝プログラム）を前提としているのです。

　事実そのものを客観的に眺めているように思われる自然科学の観測ですら、「このような観測を行えば、これこれの現象が見えるはずだ」という知識に基づいていますし、そもそも観察装置や実験道具は、そうした知識や仮説に基づいて設計制作されています。同じ顕微鏡写真を見ても、「何かの模様のようなものが写っている」という事実を見るのと、「恐ろしいウィルスの繁殖」という事実を見るのとでは大違いです。

　このように、事実は、知識や理論が与えてくれる**現実の捉え方やものの見方**に相関しています。過去の重要な著作を講読す

ることの意味もここにあります。古典と呼ばれるものは、単に古き良き教養をつけるために読むのではなく、そこに表れている著者の**現実の捉え方、ものの見方**を学ぶためにあるのです。それは、いわば、事実を捉えるためのプログラムを自分に与えることなのです。「理論」と呼ばれるものは、この現実の捉え方を抽象化・体系化したものに他なりません。

このように著者の現実の捉え方をいったん理解したうえで、そのやり方（プログラム）で、本当にうまく事態が理解できるのか（情報を整理できるか）、問題が解決できるのか（期待されたアウトプットができるか）、見落としてしまうものはないのか（読み込めない情報はないか）、別の問題にはどのように対処するのか（汎用性があるか）、など**著者の主張をさまざまな問題や事例に適用しながら検討していくことこそが、問題意識やテーマ設定能力を養うことにつながります**。テキスト批評ではこれを行います。先に述べましたように、論文を書くに当たって一番大変なのがテーマの設定、問題の発見です。**テキスト批評は、知識の習得と、自分独自のテーマ・問題の発見を橋渡す練習なのです**。

2.3. テキスト批評の仕方

では、実際に大学で行われるゼミナールの場面を想定して、批評の作り方を説明します。実際、この形で発表を求められることも多いと思います。

2.3.1 テキストについて

まず、教師がテキストを指定します。指定されるテキストの分量は一概には言えませんが、はじめてテキスト批評をする学生の場合には、数ページから多くて十数ページといったところが適当かと思います。数人のゼミナールなどで、ひとつの著作を講読するなら、一人が担当するのは一章、長い場合は一節が適量でしょう。大学院レヴェルでは、本一冊というのも可能ですが、ここでは、あくまで学部学生用の想定をしてみましょう。

テキストの選択は専門が何かによりますが、分野によっては、定評あるオピニオン誌の論文や新聞のしっかりした社説などもよいと思われます。純粋に表現力を養成するクラスでは、時事的な問題を扱った論文を使えば議論が活発なものになります。

また、あまりに実証性の強いものや報告書的な文書をテキストに選ぶと、疑問や反論などの議論を構成しにくくなります。著者がある程度一般的な主張を行っているもので、とくに政策論題(何かを実行せよとの提案)か価値論題(何々の方がよいという主張)についてのものが議論しやすいと言えます。

2.3.2 全体の構成

全体の構成を紙に書いたところを想定して、まとめてみると次のようになります。

書くべき分量はケース・バイ・ケースですが、数ページのテキストの批評の場合には、Ａ４のレポート用紙に２-３枚程度、

表　　題

名前・所属・学年など

(1)　目的の提示（5-10行ほど）
　・どんなテーマのテキストについての批評（コメンタリー）なのか、当該部分で著者がどんな議論をしているのかごく大まかに説明する。
　・以下に述べる手順についてごく簡単に紹介する。

(2)　要　　　約（全体の30-40％ほど）
　・テキストの順を追って要約（ただしメリハリをつける）。
　・テキスト中の重要な用語、歴史的人物、事件などについては説明を与え、テキスト理解に役立つと思われる解説を入れる。

(3)　問題の提起（全体の10-20％ほど）
　・著者の主張のうち中心的・重要と思われる点を1-2点ピック・アップする。
　・これについて問題提起を行う。

(4)　議　　　論（全体の30-40％ほど）
　・(3)で提起した問題について議論を展開する。
　・自分の主張を論理的・実証的に裏づける。

(5)　ま　と　め（全体の10-20％ほど）
　・全体を要約し、結論づける。

十数ページの場合には、4-6枚程度が目安になると思います。

構成部分の分量を、全体に対してパーセンテージで示しましたが、これはあくまで目安です。要約を中心にして理解を深めるためのコメントか、あるいは、議論を中心にしたコメントかで、割り当てるべき分量は変わります。

2.3.3 各構成部分の作り方

(1) 目的の提示：

この部分は、後に述べるレポートや論文の「序論」とは異なり、ごく簡単に以下の文章の目的を提示します。

(1-a) どんなテキストのコメントを行うのか、著作の一部であるならそれはどのような部分か、などを簡単に紹介し、

(1-b) 論じてゆく内容の順序をやはりごく簡潔に紹介する。

〈例〉

以下において、「第1章の『重大な決断』の法則化は可能か」(16-39頁)の要約を行い、それについて批評をすることにする。この第1章は、本著作『リーダーが決断するとき』[*1]全体の「序論」に当たる。そこで、要約に当たっては、著者ジャニスがこの著作で何を論じようとしているのか、そのテーマと問題意識をできる限り明確にすることに努めることにする。以下、テキストの順を追って、節ごとに著者の主張をまとめた後、それについて私の観点からコメントを付し議論を展開した後、最後に全体をまとめることにする。

---

*1　I・L・ジャニス『リーダーが決断する時』　首藤信彦訳、日本実業出版社、1991年。

(2) 要約：

次に、テキストの要約をします。テキストの要約には、**順要約**と**全体要約**の二種類のやり方があります。良質のテキストの要約は、それ自身が自分にとってとてもよい文章の訓練になります。

順要約とは、テキストの順を追って、原著者の主張を正確に把握し、まとめることです。以下のことに注意してください。

○テキストの要約ですから、丸写しではだめで、著者の主張を自分なりにつづめる必要があります。テキストを読むときに、長さにもよりますが、**各文段（パラグラフ）を、ごくみじかく、1-2行程度の一文に要約しておくとよいでしょう。**それは、文段の文章のうち、派生的なものを切り捨て、著者の主張が端的に表れたもっとも重要な一文を見つけることでもあります。

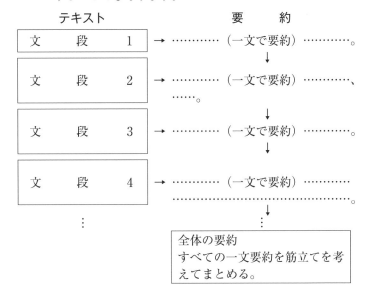

すべて読み終わった後、各文段に与えた「一文要約」をつなげて、全体の要約をつくります。テキストが長い場合は、派生的な議論をしている文段は思いきって無視して、メリハリをつけたほうが、全体の流れを把握しやすくなります。

　二番目の**全体要約**はより高度な要約の仕方です。全体をただ文章の順番に要約するのではなく、著者の最終的な主張を理解した上で、どのような理由と根拠からその主張に至ったのか、論理的な構造を分析しながら要約することです。

　たとえば、「著者は、この論文では最終的にコレコレと主張している。その主張を支える根拠は論文中では三つあげられている。ひとつは第二節で今年度の『環境白書』のデータをもとにして示されているもので、……。二番目の根拠は第四節で論じられている。これは、……」といった具合に著者の主張とそれを支える根拠や証拠を分析しながら要約するものです。要約する文章の内容がよく理解されてはじめてできる要約です。

○順要約、全体要約いずれの場合でも注意してほしいことは、**要約個所がテキスト上のどの部分に該当するのか、ページ数を丸カッコの中に入れてはっきりと示しておくことです。**

　また、テキストの中で、これは重要な個所だと思われる部分は、カッコ（「　」）でくくって、引用するのもよい方法ですが、その時も引用ページを明記しておきます。

　これは、レポート・論文での**出典を明示するための注の役割**をします。

〈例〉
　　では、そうした政策決定の手順と結果のよしあし

　　　　　との関連を明らかにしてくれる理論は存在するのであろうか (**24-26頁**)。こうした分野の学問は、その重要性にもかかわらず、「いまだに、ごく初期の段階にとどまっている (**24頁**)」と著者は言う。……

○ また、テキスト中に難解な用語が使ってあったり、歴史的人物や事件などについてとくに説明もなく言及されていたら、それについて説明しておきます。

　さらに、テキスト理解に役立つと思われるなら、その著者や著作についての背景的解説などを入れるのもよいでしょう。

　これはレポート・論文での**補足的説明のための注**に当たります。

(3) 問題の提起：

　テキスト批評で一番重要なのは、この「問題提起」であり、批評全体の成否はここで決まってしまいます。高校までの国語では著者の主張の理解に重きがおかれていますが、テキスト批評は、テキストを土台にしながらも、あくまで自分で問題を提起し、自分で解答を見つけることに本質があります。くり返しますが、この批評（コメンタリー）での問題提起の仕方を習得しておくと、卒業論文などでのテーマ設定が容易となります。「問題提起」では以下のことを行います。

　(3-a) テキストの中心的な主張のピック・アップ：

　まず、テキスト中で、**自分が関心を持った主張、重要と思われる意見をピック・アップ**します。しかし、「ただ関心がある」、「面白い」というだけでなく、なぜそう思うのか、**理由や根拠を示す必要**があります。

〈例〉
　　さて、以上要約した第1章について、私は次のことに留意したい。
　　第一に、著者の「リーダーが、余りにも制約にとらわれている場合、問題解決よりも制約の処理を重視し、単純な決定法則を取りがちである（50頁）」という仮定に私は興味を覚える。と言うのも、日本の国会での審議の過程などを見ても、いわゆる「党内調整」や「内閣内の調整」に余りに手間取っている場合では、最終的に持ち出される議案は、余りに折衷的で十分な効果を期待できないこともままあるように思われるからである。……

　テキストの分量や批評（コメンタリー）全体の分量で、ピック・アップする部分の数量を考える必要があります。数ページから十数ページの批評（コメンタリー）の場合、1ないし2か所で十分でしょう。とくに短い批評の場合には、多岐に論じることはせずに、ひとつの問題を深く掘り下げることのほうが大切です。

（3-b）問題提起：

　テキストからピック・アップした著者の主張について、**疑問、是認、反論、ないし批判的検討**を行います。これが「問題提起」となるのですが、どうすればそれができるでしょうか。これは、次の部分の議論に直結しますので、あわせて説明します。

(4) 議論：

　さて、問題提起の仕方ですが、これはピック・アップした著者の主張を検討することに始まります。学術的論文は、立

論から成り立っています。

　立論とは、根拠と証拠のある主張のことです。たとえば、「タバコは吸うべきではない」というのは、まだただの意見であって立論ではありません。立論とは、「タバコは吸うべきではない。なぜなら、喫煙は健康に悪く、健康に悪いことはやるべきではないからだ（根拠）。喫煙が健康に悪いというデータはこの表のとおりだ（証拠）」というように、根拠と証拠によって支えられている主張のことです。根拠は、自分の主張よりも一般性のある認められた主張のことです。この場合には、「健康に悪いことはすべきでない」というより一般的な主張から「喫煙すべきでない（喫煙は健康に悪いから）」という主張が導かれています。そして、喫煙が健康に悪いことは実験データなどによって実証されなければなりません。議論で行うべきは、立論の検討です。

　立論の検討には、ディベート（討論）で用いられる質問・尋問や反駁の方法が有効で、これを薦めておきます。

　ただし、ディベートでの質問・尋問や反駁は、最初から相手を論破することを目指しているのに対して、テキスト批評の問題提起は、かならずしも著者の主張に反論する必要はありません。著者の主張に最終的に賛成であってよいのです。しかし、その場合であっても、ただ納得するのではなく、自分なりの批判的検討を経て賛成・是認をしなければなりません。

　そこで、ディベートでは、どのように相手の主張を反駁するかを参考にしながら[*1]、それを「問題提起」用に置きかえ

---

*1　土山信人　『ディベートで説得・交渉に強くなる本──問題解決、企画提案、教育ディベートまで』　山下出版、1993年、138-148頁参考。

て説明します。

著者の主張は、分析するならば、**前提、証拠（ないし事実）、推論**から生まれてきます[*1]。たとえば、

〈例〉
>「規制緩和は経済を活性化する（前提）。現にこれまでの規制緩和は良い経済効果を生んできた（事実）。よって、経済の発展のためには、さらに緩和を続ける必要がある（推論結果）。」

という主張があった場合、前提、証拠（ないし事実）、推論のそれぞれが検討可能な対象です。そのすべてを論じてもよいし、一部であっても構いません。そのどれをどのように検討したいのか提示すれば、それが**問題提起**となります。そして、この問題の詳しい検討が、**議論**となります。

たとえば、前提の「規制緩和は経済を活性化する」という命題に対して、「本当に、規制緩和は経済を活性化するのか」**という疑問形で問題提起を行います**。そして、そうは思えないなら、「規制緩和は経済を活性化させない」と反論することができます。しかし、その際には、今度はこちらが、論理的かつ実証的に、その根拠や証拠を示す必要があります。簡略に示すと、次のようになります。

(a) テキスト「規制緩和は経済を活性化する」
　→問題提起：「本当に、規制緩和は経済を活性化するのか？」
　→反　　論：「規制緩和は経済を活性化させない」
　→反論の証拠：「規制緩和して失敗した国もある」など実例をあげる。

[*1] 「立論は根拠と証拠に基づいた主張だ」ということを反対方向からみると、根拠（前提）と証拠から主張が推論されるということになります。

同様に、原著者の示す証拠や推論についても検討できます。
- (b) テキスト「現にこれまでの規制緩和は良い経済効果を生んできた（証拠）」
  - →問題提起：「本当に、これまでの規制緩和は良い経済効果を生んできたか？」
  - →反　　論：「これまでの規制緩和は良い経済効果を生んでいない」
  - →その証拠：「かえって消費が落ち込んだ」、「現在の経済状態が良いのは規制緩和のせいではない」など。
- (c) テキスト「経済の発展のためには、さらに緩和を続ける必要がある（推論）」
  - →問題提起：「経済の発展のためには、さらに緩和を続ける必要があるのか？」
  - →反　　論：「経済の発展のためには、さらに緩和を続ける必要はない」
  - →その根拠：「以前と経済環境が変化し、緩和の継続は経済発展を導かない」（＝著者は、前提の制限や成立条件を忘れ、過剰に一般化している→推論の誤りの指摘）など。
- (d) あるいは、「経済を発展させるためには、規制緩和するかどうかが本質的な問題ではない。より重要な点は新規産業の育成だ」といった**文章全体の争点や論点を問題視することもひとつのやり方**です。

このような形で、ピック・アップした著者の主張を検討し、議論していきます。形式から言えば、「この点を問題にしたい」という形で、最初に簡単に問題提起しておき、ついで、上で述べたように詳しく検討してゆくのがスマートです。た

だし、それほど、この順序にこだわらなくても、著者の主張が内容的に十分検討されていればよいわけです。

〈例〉
　著者は、本論の中で、くり返し規制緩和の重要性を訴え、「規制緩和は経済を活性化する（12頁）」と結論している。しかし、本当に規制緩和は経済の本格的な活性化に有効であろうか。私は、いくつかの理由において疑問を感じる。以下、実例をあげながら論じてみる。（＝問題提起）
　第一に、著者が、規制緩和の成功例としてあげている事例であるが、これを成功例と呼ぶことはできないように思われる。なぜなら、……（＝議論）

以上のような検討によって、テキストの著者の主張について、自分の主張を展開してゆき、一定の結論へ至るように議論します。ディベートと異なり、つねに賛否のいずれかを打ち出す必要はありませんが、賛否は自分の立場を明確にします。

結論へと至る議論の展開の仕方には、たとえば、次のようなものがあり得るでしょう。

(a) 「反論－否定的結論」型

　比較的容易なのが、著者の主張を批判していき、否定的な結論にまとめることです。問題提起で、著者の主張に疑問点を見つけ、上の要領で反論を示していきます。

(b) 「反論－代案の提示」型

　著者の主張の問題点から、その主張に反論し、最後に自分の代案を提示します。先の例で言えば、「経済を発展させるためには、規制緩和するかどうかが本質的な問題ではない。より重要な点は新規産業の育成だ」がそうです。そ

の場合、著者の主張よりも自分の主張がよりよいことを示す必要があります。

(c)「著者の主張の限定－補足・代案の提示」型

著者の主張を限定的に否定、すなわち限定的に肯定し、補足的な主張や代替案を提示する形です。

たとえば、「規制緩和が経済を促進するには、いくつかの条件がいる。その条件を満たすのに必要な政策は、以下のものである（補足）」、「著者のいう主張は、一定範囲内でしか妥当しない。それに対して、私はより一般的に妥当する以下の代替案を示したい（代案）」など。

(d)「批判的検討－肯定（補足）」型

批判的検討を経て、著者の主張を肯定するやり方も可能です。ただし、その場合、単に「正しい」と言うのではなく、**あり得る反論に対して再反論しながら肯定する必要が**あります。たとえば、「これまでの規制緩和はたいした効果を生んでいないとの反論もあるだろう。しかし、こうした見解は事実を正確に把握していない。と言うのも、……」といった形がそうです。

また、著者の主張を自分で補足していくのもよいでしょう。たとえば、「著者は、自分の主張の証拠として、いくつかの例をあげているが、それ以外にも、次のものは彼の主張を擁護するであろう。第一の例として、……」など。

(5) まとめ：

最後に、これまでの全内容を手短にまとめます。とくに、著者の主張のピック・アップからの流れを考慮しながら、自分のコメントを要約します。

ただし、これはレポート・論文でも同じですが、この「まとめ」で新たな議論を展開しないように気をつけてください。必要な議論はすべてそれ以前に述べて、「まとめ」では、あくまで要約や整理に徹してください。

2. 4. テキスト批評の効果

　以上、大学のゼミナールで行うことを想定して、テキスト批評を説明してきました。この批評を平常くり返し行うことで、テキストを批判的に検討することや、卒業論文などのテーマ・問題を設定する際に役立つことはすでに述べました。

　一方、ゼミナールでなくて、**卒業論文のテーマに関係する著作や論文について、この批評を自分でしておくと、それ自体が卒論用のノートや準備メモとなります。**

　これまでのテキスト批評の過程を読まれた方は、「こんなに面倒臭いことをいちいちやるのか」と驚かれるかもしれません。しかし、心配する必要はありません。後述するように、こうした詳細な仕方で検討すべき文献の数は、卒業論文までのレヴェルでは限られています。詳しくは、4章の「テーマ・問題の設定」を読んでください。

　さて、以上、テキスト批評の仕方を説明してきましたが、レポートや論文はこの延長線上にあると考えて結構です。次の章では、「レポートや論文の書き方」について、とくにその要件と形式を重視しながら説明します。

3章

論文の要件と構成

3.1. 論文とは何か？

冒頭で述べたように、日本では高校卒業までにレポートや論文の書き方をきちんと教えることが少なく、大学に入りたての学生は、しばしば感想文やエッセイとの区別がついていません。そこでまず、論文の構成について説明する前に、そもそも論文とは何か説明しておきましょう（後に述べるように、本書ではレポートは論文の一種だと考えることにしています）。

論文は、エッセイや小説のような自由な文章表現ではなく、一定の形式を備えた文章表現です。したがって、いかに内容自体がすぐれていようとも、形式を踏まえていないものは論文とは呼べないのです。

それでは、論文が論文たり得る形式とは何でしょうか。1章で触れたように、それは、一言で言うなら、**問い－答え**という形式でできているということなのです。この点を踏まえて、論文とは何であるか定義してみましょう。

(1) まず、**論文とはコミュニケーションの一形態**で、それも複数の人間に読まれ得ることを想定した**公共性を持った文章表現**です。

論文は、文章表現であり、演説や口頭発表のような口述表現ではありません。また、文章表現であっても、公共性を持たない個人的な日記や手紙とは異なります。手紙で誰かの文章を無断で引用しても問題ありませんが、論文は公共的であるゆえに、それは許されません。

(2) 論文において筆者は、**あるテーマのもとで問題を立て**

(「序論」)、それについて論理的・実証的に論述を展開し(「本論」)、最終的に提出した問題に解答(「結論」)を与えなくてはなりません。

　つまり、論文は基本的に、**問題提起**から始まり、**議論**を経て、**解答**に至る「序論－本論－結論」という形式で構成されていなければならないのです。

　したがって「問い－答え」形式を持たない文章表現は論文ではありません。たとえば、感想文やエッセイは、独白によって自分の感想を連ねて書けばよいし、それを実証する必要もありませんから、論文とは言えません。あるいは美的・芸術的表現を目指す文学は、論文とは目的がまったく違いますし、事実の列挙に終わる報告書も、問答形式を持たないゆえに論文ではありません。**論文とは問題解決のための文章なのです。**

(3)　**論文の目的は、論理的・実証的論述によって、読者に対して自分の結論的主張を説得し、納得させることです。**

　論文の目的は、読者を説得することです。しかし、「説得」といっても日常生活では、相手の感情に訴えて説得することもあれば、相手の利害に訴えて説得することもあるでしょう。

　一方、**論文での説得は、論理と実証のみによって行わなくてはなりません。**したがって、論文では、文学的名文・美文は要求されませんが、論理的・実証的説得力は不可欠です。

3.2. レポートとは何か？

　それでは、大学での「レポート」とは何でしょうか。本書では、**レポートも上述した論文の一形態であり、基本的な定義および要件は一切変わらないものと定義します**[*1]。つまり、レポートとは、出題者によってテーマあるいは問題が定められた(小)論文のことです。

　ご存じのように、大学では、ペーパーテストのかわりにレポートを提出させて、成績評価の対象とすることがしばしばあります。こうしたレポートは、講義の理解度を見ることが、大きな目的のひとつです。

　したがって、内容的に言えば、学術論文においてはつねに要求される本格的な独創性は、学部で提出するレポートには要求されていないと言えます。独創性とは、その分野で以前にない主張をすることです。以前にないことを言うためには、以前のその分野の研究をかなりの程度で知っている必要があります。これができるに越したことはありませんが、とくに学部の1・2年生にとっては、テーマを相当限定してもなお、困難でしょう。

　しかしながら、学術論文もレポートも形式上において違いは存在しません。この意味でレポートも論文なのです。

　以下に随時述べますが、レポートでは目次や索引などは不用

[*1] 木下は、レポートは特定の人（上司や大学の先生）の要求に応じて書くものであり、この点で、不特定多数が読む論文とは違う、としています（木下是雄『レポートの組み立て方』筑摩書房、1990年、1-2頁）。この点で、木下の意見は正しいのですが、本書では、著作権擁護の意識を学生につけさせるためにも、レポートには論文と同程度の公共性があると定義することにしました。レポートは大学の成績という公共性を持った評価の対象だからです。

ですが、「序論・本論・結論」という基本的な構成や、注や引用のつけ方は、以下の「論文の構成」や５章の「注、引用、文献表のつけ方」で述べるような規則に従わねばなりません。

3.3. レポートを書く際の注意

　形式上はレポートも学術論文も変わることはないのですが、レポートと学術論文、たとえば卒業論文とは目的が異なっています。学術論文の目的は、最初から自分の関心にそって独自のテーマで問いを立て、それに自ら解答することにあります。他方、レポートは、講義やテキストの内容を十分に理解していることが前提として求められ、そこから自分の独自の考えを展開するようにしなければなりません。

　レポートでは、講義やテキストの内容に即して問題が出題されています。学生も、講義やテキストの内容を理解していることを示しながら、議論を展開し、提示された設問に解答しなければなりません。

　以下に、レポートを書く際のもっとも基本的な注意を記しておきます。

(1) 第一に、**レポートは、講義を行った教師（ないしはテキストの著者）とのあるテーマについての対話です。**

　これが大原則です。教師は、講義やテキストにおいて自己の議論を展開します。そして、その内容に関して、学生に質問を発します。あるいは、ある関連したテキストについて質問します。これがレポートの**設問**です。

　なぜ、レポートが「対話」だ、などと言うのでしょうか。

　レポートを添削していると、毎回かならずあるのが、次の二つのタイプです。ひとつは、講義やテキストをそのまま引き写しているタイプで、もうひとつは、講義やテキストの内容と無関係に、一方的な自分の意見を書き連ねてくるタイプです。ど

ちらも不可にせざるを得ません。

　この二つのタイプは、両極と言ってよいほど隔たっていますが、教師との対話になっていない点では似ています。相手の主張をオウム返し（＝丸写し）したのでは、命令の復唱じみていて対話とはなりません。また、教師（著者）の論じた内容と無関係に答えるのでは、相手を無視していることになり、やはり対話とは呼べません。

　対話とは、相手の議論や主張を理解したうえで、今度は自分の主張や疑問を相手に返答することです。つまり、レポートでは、講義やテキストの内容を的確にまとめ、その後に、設問の解答に至るように、自分なりの主張や疑問、調べた内容を論じるという**理解と返答の二段階の過程**が要求されるのです。

　すでにお気づきかもしれませんが、このレポートの形は、テキスト批評に大変似ています。テキスト批評では、テキストの内容を要約した後、自分なりに問題を見つけて、それについて議論を展開します。一方、レポートでは、設問が提示されていて、自分で問題を見つける必要はありませんが、講義やテキストの内容を把握した後に、それについての問題に答えるという点で一致しているのです。

　２章で述べたテキスト批評の説明は、レポートの際の参考にもなることと思います。

(2)　**レポートも、論文の一形態です。**よって、「序論」「本論」「結論」の論文構成によって書かれなければなりません。

　これを強調するのは、レポートでは「序論」を省いて書き始める人が多いからです。

　確かに、レポートにおいては設問（問題）が教師によって出

題されている場合があります（テキストを指定して、これについて論ぜよ、といったタイプもありますが）。

　しかし、それにもかかわらず、問題の導入部である「序論」を省くことはできません。なぜなら、とくに人文・社会科学のレポートの「設問」では、漠然とした問題提起をしている場合がしばしばあります。それは、設問を自分なりに捉え直し、もう一度、明確に定義し直せるかどうかを見るためなのです。

　たとえば、「夏目漱石の文明論の特徴について述べよ」などといった設問はかなり漠然としています。「漱石の文明論」といっても、いつの時期のものでしょうか、どのような対象について論じた文明論でしょうか。また、特徴といってもどう割り出せばよいのでしょうか。彼の他の文学作品との対比においてでしょうか、あるいは、同時代のほかの作家との比較においてでしょうか。この点を、講義内容などを手がかりにしながら、明確にしておかないと、何をどう論じてよいのか分からなくなります。

　つまり、いきなり「本論」を書き出さずに、「設問」において何が問われているのかを、講義やテキストの内容に照らしあわせて明確にする必要があるのです。この作業を「序論」で簡潔に行います。これをせずに無計画に本論を書き始めると、設問の意味をとり違えたり、議論が設問の意図から離れていってしまう危険性があります。

　そして、議論の最後にかならず結論を出し、議論の総括をしなければなりません。結論のないものは論文とは言えません。「序論」なしに書き始め、「結論」がなくて、最終的に何が言いたいのかわからない。これが典型的な失敗作のレポートです。

⑶ **講義やテキストの内容について十分言及し、そこから自分の議論を始める必要性も強調しておきます。**

　レポートで、自分の主張を論じることは不可欠です。しかしながら、それは先にも述べたように、講義内容やテキストの正確な理解を前提としています。

　くり返しますが、レポートの第一の目的は、講義やテキストの理解度を見るものです。よって、設問に対して、教師やテキストの著者がどのような主張をしているのか、まず的確にまとめて、自分が理解していることを示す必要があります。その後に、その教師や著者の主張に対して、疑問を提出したり、反論したり、是認したり、補足的な議論を追加したりすればよいのです。もちろん、これらのいずれの場合においても、その根拠と証拠を明らかにする必要があります。この点は、テキスト批評の「議論」と同じことです。

　レポートでなされるべきものは、教師（著者）の意見の無批判なくり返しでもなければ、また単なる自己主張や自分の意見の提案でもありません。**根拠のある**立論どうしの対話なのです。

3.4. 論文の構成部分とその順序

これまで、論文のもっとも基本的な形式は「問い－答え」であるとくり返し述べてきました。そこでより具体的に、論文はどのように構成されなければならないかを以下に説明します。

○論文の構成部分：

論文は、基本的に「序論・本論・結論」によって構成されていなければなりません。この「序論・本論・結論」の三つを合わせて「本文」と言います。卒業論文のようなある程度以上長い論文においては、「本文」に加えて「目次」と「文献表」をつける必要があり、できれば「索引」を備えていた方がよいでしょう。

○構成順序：

論文の基本的な構成順序は次のようになります（［　］は、とくに必要ないことを示しています）。

1　［まえがき］
2　目　　　次
3　本　　　文（序論・本論・結論）
4　［付　　　録］
5　文　献　表
6　索　　　引
7　［あとがき］

○各部分の分量：

「本文」の各部分の分量（長さ）に関しては、論文全体の長さにもよりますが、大まかに言えば以下の配分が目安です。

「序論」：10％程度
「本論」：75〜80％程度

「結論」：10～15％程度
○構成上の注意：
　日本では、古典的な文章構成法として、**「起・承・転・結」**や**「序・破・急」**、**「導入・展開・結末」**などがあり、これを論文構成法に採用するように推薦する手引書がありました。

　しかし、これらの構成法のいずれも、文章中に単なる文彩・文飾として用いることは構いませんが、**それをもって論文の構成とすることはできません**。理由は簡単で、**そこには、論文の基本形式である「問－答」が含まれていない**からです。

　起・承・転・結という文章構成は、漢詩の絶句、すなわち文学的表現方法のひとつであり、比喩的な効果を高めようとする表現方法です。「起」はかならずしも「問題定立」ではなく、「結」はかならずしも「解答」ではありません。また、序・破・急は、能の仕舞や日本舞踊の舞いのペースを言うもので、本来踊りを美しく見せるためのものです。当然、問答形式を伴っていません。導入・展開・結末も同様です。このような形式の論文は国際雑誌ではまったく通用しませんし、国内の学会誌でも受理されることはけっしてありません。

○字数（分量）の問題：
　大学でレポートや論文の提出を求められるときには字数が制限されていることが多いでしょう。たとえば、期末レポートなら「4,000文字程度」とか、卒業論文では「20,000字以内」といったようにです。

　字数制限は厳密に守ります。学術雑誌では字数制限を遵守しないと受け付けてもらえません。通常、「程度」といった場合には、上下1割くらいに収めます。たとえば、「4,000文字程度」なら、3,600～4,400文字の範囲になります。「以内」

という場合には、その字数を超えず、また9割以上の分量でなければなりません。「4,000文字以内」という場合には、3,600〜4,000文字です。この文字数に、名前や日付など表題部を含めるかどうか、あるいは、注や参考文献表を含めるかどうかは、そのレポート・論文を課した先生や機関に聞いてください。「4,000文字以内（ただし、表題部、及び注と文献表は除く）」といった場合には本文だけで4,000文字以内という意味です。

　レポート・論文の分量にはかなりの違いがあります。学部の講義で課される短い中間レポートなどは2,000文字程度のこともありますし、博士論文の長いものは1,000ページの本にも相当します。

　通常、大学の講義で課される中間レポートや期末レポートは2,000文字から長くて10,000文字程度でしょう。しかし短いレポートだから安易に計画なしに書いてよいということではありません。短いものでも、講義内容を振り返り、関連する論文や書籍を調べて、構成形式を踏まえて、しっかり執筆すべきです。ときに分量が短いからといって主観的な感想文や随筆のようなレポートを書いてくる人がいますが、それでは落第です。子ども服は小さいですが、粗悪な生地で適当に作ればよいわけではありません。それと同じです。ただ分量の短いレポートは、先に述べたようにテーマと問いを絞って書くべきです。

3．5． 各部分で何を書くか？

それでは次に、構成の順序を追って、その部分で何を書くか説明します。「まえがき」「付録」「あとがき」は、なくても構わない部分なので、後でまとめて説明します。

3．5．1 「目次」

○「目次」とは：
　「目次」では、「本文」はもちろん、当の「目次」自体、「付録」「文献表」「索引」「まえがき・あとがき」も含め、文中のすべての内容項目について、順番に、**題**をつけて、それが始まるページ数をつけます。ただし、あまりに短い論文やレポートでは、「目次」が不必要な場合もあります。

○注意：
　本文は、階層的に内容を区分します（4章「4．2．本文の組み立て方」参照のこと）。内容の区分は、まとまりの大きい順に「部‐章‐節」とします。さらに必要ならば**小節**をくわえます。ただし、卒業論文程度の長さにおいては**章**と**節**に分けるだけで十分です。

　「目次」では、本文の章には章番号と章題をつけ、節も同様にします。題に副題がある場合には、ダッシュ［──］かコロン［：］でつなげて、それも書きます。章と節といった上位と下位の分類が混同しないように、番号の振り方などに注意して、区別をはっきりさせてください。

○「目次」の位置：
　日本語の論文では、「目次」を「序論」の前につけます。
［まえがき］「目次」「本文（序論・本論・結論）」「付録」「文献表」「索引」［あとがき］

次の「本文」は、論文の中心でもっとも重要な内容です。論文の「本文」は上で述べたように、「序論」「本論」「結論」の三つの部分から成ります。これが論文たり得るもっとも基本的な構成です。以下、「序論」「本論」「結論」において何を論じるかについて述べます。

3. 5. 2 「序論」

「序論」の目的は、あるテーマ（主題）に関して問題を立てることです。テーマとは、研究の対象となる分野や範囲を言います。たとえば、「19世紀後半の日米外交史について」とか、「クローン問題をめぐる生命倫理について」などがそうです。

しかし、注意してほしいのは、**テーマの導入だけでは「序論」として不十分**だということです。テーマの提示は、あくまで議論する領域や範囲を設定・限定したにすぎません。その領域に関して問題を立てることが「序論」の目的です。論文は問い‐答えでできていなければならず、テーマ自体は問いではありません。

なぜ、テーマの提示だけではいけないのでしょうか。テーマとは、論ずる範囲のことですから、「…（テーマ）…について」というかたちであらゆることが論述できます。そうした場合、論じている内容が拡散し、内容相互の関係が不明確になって、結局何が言いたいのか分からない論文になってしまいがちです。

問いを立てることは、**解答**という目的地を目指すことでもあります。テーマだけで論文をスタートさせることは、目的地を示さず旅行に出るようなものです。問題を立てることで、最終的にその論述がどこに収束していくのか、かならず示しておきます。これは、執筆する以前に、論文を計画するときから自分自身にとって必要不可欠なことです。

そこで「序論」においては、以下のことを行います。

(1) テーマ（主題）の導入：

　論ずる範囲を示すテーマを設定・導入します。テーマを設定することは、「本論」や「結論」の論議が無際限に拡散しないよう、**論ずる範囲や分野などを明確にし、限定する**ことが目的です。

　また、なぜそのテーマを扱うのか、動機や理由を示します。しかし、その動機や理由は、読者にも興味が起こるような公共性のあるものでなくてはなりません。「公共性がある」とは、それが筆者の個人的疑問や問題に留まらず、一般に論ずるべき価値があることを言います。

　テーマを立てるに当たって、個人的動機を手がかりやきっかけとすることは構いません。しかし、それに公共性を持たせて、論文のテーマにするには、学問的文脈や社会的・歴史的背景のなかで自己の問題を位置づけてみる必要があります。さらに卒業論文などでは、そのテーマのこれまでの研究史や現在の研究状況を（詳しくは「本論」中で論じるとしても）簡単に説明し、そのなかに自分のテーマを位置づける必要があります。

　また、テーマは、論文の分量と使える時間、自分の能力を考えて、扱いきれる範囲に限定しなければなりません。テーマを広げすぎると、収拾がつかなくなり失敗します。

(2) 問題の提示：

　テーマ（主題）に関して問題を立てます。**この部分が、論文のなかで「結論」と共にもっとも重要な個所です。**くり返しますが、テーマの提示だけでは不十分です。

たとえば、卒業論文において「永井荷風の近代日本批判」というテーマを立てただけでは、何を論じていくつもりなのかはっきりしません。そこで、これについて問題を立てます。これは**端的に疑問形で書かれていなければなりません**。「荷風は、留学していた西欧と比較して、どのような点において日本の近代性に問題があると考えたのか」、「江戸から東京への移り変わりを、どのような点で、またなぜ否定的に捉えたのか」などの問題を立てることで、テーマのもとで述べる事柄を結論へと収束できるようにしなければなりません。

　卒業論文では、テーマ自体を小さく限定することはもちろんですが、問題についてもいくつもの大問題を立てることは避けるべきです。それより中心的な問題（**主問**）をひとつに絞り、その主問に答えを与える手段として、具体性・限定性を持たせた**小さな副問**をいくつか立てて、求心性を失わないようにするほうがよいでしょう。小論文やレポートの場合、主問を小さく限定した形で立て、副問は立てないほうが議論を明確にします。

　自分の能力と使える時間に鑑みてテーマと問いを絞り込み、それにもかかわらず、そのテーマと問いが探求すべき重要なものであるように設定することが肝心です。

(3)　方法の提示：

　提示した問題に対して、**どのような観点から、どのようなアプローチと方法によって解決を見出そうとするのかを提示します**。さらに、本論中で実験・観察・統計などを用いて実証を行った場合、その具体的方法について述べます[*1]。

　この**方法**については、学問分野に応じてさまざまな形式が存在します。これについては、各分野の専門の先生や大学院生に

聞いたほうがよいでしょう。

　しかし、一見こうした**方法の提示**が不必要に思われる分野、とくに人文科学系の解釈的研究などにおいても、自分がどのような手順で問題に接近したのか、どういう文献や作品を対象としたのか、それをいかに調べたのか、どのような観点から解釈を行ったのか、などを述べておく必要があります。

(4)　本文展開の予告：

　本論においてどのようなことを論じ、どのような結論を主張できるのかを簡潔に章立てを追って予告します。「序論」の中で、ある程度、結論について予告しておく必要があります。「序論」とは、映画の予告編のような役割があります。それを見るとだいたい全体のストーリーが分かるとともに、本篇を見てみたいと関心を引くようなものでなければなりません。展開の予告とは、1章の「1.4. 本書の構成」を参考にしてください。なお、後で述べますが、「要約」を「序論」の前につけた場合には、結論部の予告をする必要はありません。また、短い小論文やレポートでは「論文展開の予告」は、とくに必要なわけではありません。

3.5.3 「本論」

　本論は、「序論」で提出した問題に対して、**結論に至るべく議論を展開する**ところです。組み立て方などは、後に述べますので、ここでは注意すべきことを指摘しておきます。

---

*1　実験や観察、統計などによる実証を本論で用いる場合には、「序論」の後、独立に「方法」という節を設けて、そこで詳細に述べる必要があります。やり方は分野や方法ごとに異なります。

○章と節：
　「本論」は、テーマの取り扱い方、問題の立て方または観点に応じて幾つかの章から構成されなければなりません。さらに必要ならば、その章を幾つかの節に下位分類します。
　章や節の冒頭では、論文のテーマや主問題の何に関して論を進めるつもりなのか、その位置づけを最初に明示します。
　また、章はもちろん、節にも**番号と見出し（題）**をつけることを忘れないようにします。
○文段（段落）の論理的な結合：
　論ずる内容に則して文段（＝段落、パラグラフ）を変えなければなりません。文段とは、形から言えば、文頭を一字下げて始める文の集合体のことです。また内容的には、**ひとつの文段には、それに表題がつけられるくらいに、話題（トピック）と段落の区切りが一致していなくてはなりません**。というより、内容に応じて文段は区切られるべきなのです。
　文段は、長すぎても短かすぎても読みにくくなります。一文段は、200-400字程度を目安としてください。
　また、**文段どうしは相互に論理的に結びついていなければなりません**。文段を論理的に展開するためには、接続詞や接続表現の使い方がしばしば要点となります。これについて本書には「付録」を設けてありますので参照してください。
○説得力のある論述：
　「本論」は、結論から見れば、その**証明**に当たる部分です。先に述べたように論文とは立論をするものです。立論とは根拠と証拠のある主張です。立論に説得力を持たせるためには、正しい**論理的推論**に基づいて論述することはもちろん、必要に応じて**実証**を行わなくてはなりません。実証とは、正しく

集められたデータによって主張に証拠を与えることです。議論を展開するに当たり、実証的なデータや具体例、引証を欠いた、あまりに抽象的な議論は説得力を持ちません。

　次のものが実証のための証拠となります[*1]。

(a)　実験・観測（観察）・アンケート調査・インタヴューなどによる実証的な証拠、いわゆる「事実」。
(b)　証言、または信頼できる専門家の意見。
(c)　一般に確認された見解、すでに証明された主張、あるいは、いわゆる社会的通念、常識。

　論文においては自分の主張は上であげた証拠で裏うちしなければなりません。(a)が実証性の強いデータだとすれば、(c)は再検討の余地のあるやや弱い証拠と言えるでしょう。社会通念や常識はしばしば誤っているからです。主張の説得力は、その実証性の強弱に依存します。弱い証拠に基づいた主張は、やはり信じるに値しない弱い主張となります。自説の依っている証拠が、どういった種類の証拠であるか、またどれくらい信頼性のあるものであるかをつねに示しながら議論を進める必要があります。

　なお、文学、美術、哲学、歴史などの分野での解釈をテーマとして掲げた場合には、原典の引用、作品・原資料の提示、確定的解釈の紹介などの**引証**が実証の役割を果たします。つまり、作品の引用などは、「この作品にはこう書いてある」という**事実**を提示していることになるのです。こうした解釈の分野においても、論文とは、自分の単なる感想や印象を述べるものではなく、原典や資料に基づいた実証性が重んじら

[*1]　土山信人、前掲書、83頁参考。

れることを忘れてはなりません。
○ **言明の帰属元・出所の明示**：
　最後に指摘しておきたいのは、現在論じていることが、誰の意見であるのか、あるいはどこからの出典であるのか、**その言明の帰属元や出所をはっきりさせる**ことです。

　ある文献の解釈を目的とした論文で、それが原著者の意見なのか、それとも書いている本人の意見なのか、判然としないものがしばしば見当たります。また、主張の証拠として、提示した資料や引証などについても、その出所がどこなのか示していない場合が見当たります。

　これらは、著作権にかかわる問題となりますので是非とも気をつけてください。

　とくに人文・社会科学では、他人の意見や主張、あるいは引用をつなげただけでこと足れりとする人がいます。しかし、そうしたレポートは、**事実**、つまり単なるデータを羅列しているにすぎません。他人はこう考えているという事実と自分の**意見**とは、はっきり区別する必要があります。自分独自の意見を、しかも証拠を揃えて提示することは、大変努力のいることですが、ここから学問が始まるのだと思って下さい。

3.5.4 「結論」

　「結論」は、「本論」において展開した議論に基づいて、「**序論**」で提出した問題に対して解答を与える部分です。「序論」でも結論を示唆しておくのですが、この「結論」部ではより明確に最終的な自分の主張を打ち出します「結論」を欠くものは、それまでがどんなにすぐれていても論文とは呼べません。一般的に以下の三つのことを行います。

(1) 要約：
　「本論」の短い「要約」を最初につけて、これまでの議論の流れを確認します。ただし、短い小論文やレポートでは、この「要約」はかならずしも必要ではありません。

(2) 結論：
　「結論」では、「本論」での議論から導き出される結論、および最終的な主張や考察を論理的過程を示しながら明確に述べます。
　その際に注意すべき点は、**「結論」では、「本論」で提出した以上の新たな議論・実証を展開してはならない**、ということです。「結論」は「本論」で論じた内容から得られる結論でなくてはならず、「結論」で新たな「本論」を展開してはいけません。
　もし、論文を文学のジャンルに例えるならば、それはいわゆる純文学よりも、むしろ推理小説に近いものと言えます。論文の構成は推理小説に似ています。つまり、事件が起こり（＝問題提起）、探偵が証拠と推理によって事件の解明を目指し（＝本論）、最後に犯人を特定する（＝結論）。事件を解明する大詰めの段になって、新事実を提示することは、共に犯人を探している読者に不誠実なことでしょう。同じことが論文の場合にも言えます。

(3) 論議：
　最後に、「論議」では、**提出した自己の議論・結論の意義を客観的・第三者的に評価します**。自分の結論、主張をより広い視点から、検討や評価をしたり、論じ残された問題点や今後の

課題などの指摘を行います。つまり、「論議」は自己の主観的・個人的感想を述べる場ではなく、あくまで客観的に自己評価をするところです。

ただし、特定の分野、とくに文学研究等の分野などでは、この「論議」をつけることがあまりそぐわない場合もあります。その場合には、結論を提出することで本文を完結させたほうがよいでしょう。

以上、「序論」から「結論」までが本文の内容となります。

3.5.5 「付録」

○「付録」とは：

　「注」とは別に、**「本文」中に入れるには詳細すぎたり、本文の議論の進行を妨げるおそれのある説明や実例、証明をつけ加える部分です。**

　たとえば、本文には組み込めなかった長い傍証や引用、派生的な議論、追加的な実例、実験結果や資料・データ、証明式の詳細、図・グラフ・表・絵などです。以上のようなものがなければ、付録はとくに必要ありません。

○「付録」の位置：

　「付録」は、「本文」が「後注欄」も含め終了した後につけます。

　[まえがき]「目次」「本文（序論・本論・結論）」[付録]「文献表」「索引」[あとがき]

3.5.6 「文献表」

○「文献表」とは：

　利用した文献や資料に関するすべての情報の一覧表のことです。卒業論文ではかならずつけてください。詳しくは、5章の「文献表の作り方」を見てください。

○文献表の位置：
　　　［まえがき］「目次」「本文（序論・本論・結論）」［付録］「文献表」「索引」［あとがき］

3. 5. 7
「索引」

　　　○「索引」とは：
　　　　「索引」は、重要項目や人物名について、本文中で言及したすべての頁を示すものです。
　　　　重要項目と人物名の索引は通常分けて作ります。重要項目は、日本語で書く限り五十音順に列挙します。人物名の方は、五十音順ないし、欧米人物名が多いときはアルファベット順でも構いません。
　　　　卒業論文では項目数を限定しても、索引をつけることが望ましいと言えます。小論文・レポートでは不要です。
　　　○「索引」の位置：
　　　　［まえがき］「目次」「本文（序論・本論・結論）」［付録］「文献表」「索引」［あとがき］

3. 5. 8
「謝辞」、
「まえがき」、
「あとがき」

　　　○「謝辞」とは：
　　　　「謝辞」は、その論文作成に当たって、協力や助言などを与えてくれた人物や機関・組織、またそれが出版されたものであれば、編集・出版にかかわって協力・助力を与えてくれた人物や機関・組織などに謝意を表するところです。
　　　　卒業論文においては、特別の事情、たとえば、大学以外のある研究機関に協力してもらったとか、現地調査や統計・実験資料の作成の際に何らかの重要な協力者がいた、などの場合を除いて、「謝辞」を書く必要性はとくにないと思われます。

「謝辞」は、「まえがき」か「あとがき」として書くか、あるいはその一部分に含めます。

○ 「まえがき」「あとがき」とは:

「まえがき」「あとがき」では、論文に関する個人的動機や個人的評価、論文成立に当たっての個人的事情や経緯、感想を述べてよいところです。

論文において個人的発言や感想が許されるのはここだけであり、逆に言えば、論文の本質的部分ではまったくありません。卒業論文では、「まえがき」も「あとがき」もとくに必要ありません。

○ 「まえがき」「あとがき」の位置:

「まえがき」の場合は「目次」の前に、「あとがき」の場合は「索引」の後に置きます[*1]。重要なのは、**論文内容(とくに本文)からはっきりと切り離すこと**です。「まえがき」や「あとがき」は、本文内容たる「結論」や「序論」とは異なり、これらのうちに含めてはなりません。

[まえがき]「目次」「本文(序論・本論・結論)」「付録」「文献表」「索引」[あとがき]

[*1] 「付録」の前に「あとがき」を置く方法もありますが、ここでは論文の内容から切り離すことを重視して「索引」の後、すなわち全文の末尾に置くことにします。

3.6. その他の構成方法

　以上、「序論・本論・結論」型の論文構成について述べてきました。これは、もっとも基本的かつ古典的な構成法です。人文科学の多くの分野では、この方法が薦められます。

　しかし、近年、自然科学系分野の雑誌論文などにおいては、**「概要・序論・本論・論議」**型の構成法も一般的になっています。基本的な部分はあまり変わりませんが、この型とこれまで説明した古典型との違いは以下のようになります。

　「概要・序論・本論・論議」型では、次のような構成順序となります。

(a) 「概要（summary）」で、論文全体を「結論」も含めて、すべて要約します。読者は、この部分を読めば、論文全体がつかめて便利です。

(b) 「本論」では、古典型での「本論」の後に「結論」の「(1)要約」と「(2)結論」を加えて、それら全体で「本論」とします。

(c) 最後に独立させた「論議」の中で、自らの議論や結論、主張を第三者の立場に立ってその意義を評価し、残された問題点などを指摘・検討します。

　現在では、どちらの方法も論文構成で用いられています。分野によってどちらが一般的か、どちらが読みやすいかを考慮して選んでください[*1]。

　以上が、論文構成の仕方です。形式的な要件を中心に説明し

---

*1　木下、前掲書、97-98頁参考。

てきましたが、次の章では、実際に、テーマや問題をどう立てるのか、本文をどう組み立てるのかについて説明します。

4章

テーマ・問題の設定、本文の組み立て方

4.1. テーマ・問題の設定

　卒業論文や自由な題材でのレポートを課されて、学生が一番苦労するのが、テーマと問題の設定でしょう。新入生などは、苦労するというより、どうしてよいか分からないと言ったほうが正解かもしれません。そこで、以下に、本書で推薦するテーマ・問題の設定の仕方を、文献の調べ方をまじえながら述べてみます。

○<u>テーマ設定だけでは論文は書けない</u>：

　　3章の3.5で述べましたように、**テーマ（主題）** とは、研究をする、あるいはレポートなり論文なりを書く対象となるような**分野**や**範囲**を指します。

　　まず、レポートでも論文でも、テーマの大枠を決めねばなりません。大学の学部では、大学院以上と異なり、ゼロから自分独自のテーマを見つけて、レポートや論文を書けと言われることは、あまりありません。レポートなら、講義内容か指定されたテキストと関係しているはずですし、卒業論文でも、ゼミナールや指導する先生の専門分野と何らかの形で関係しているはずです。したがって、テーマの大枠は、これらのなかでおのずと決まってくるでしょう。

　　さて、ここからが問題です。テーマの大枠はよいとしても、そこから要求されている**論文の分量**や、**使える時間、自分の能力に応じて、テーマの範囲を相当に限定していかなくてはなりません**。レポートなどでは、最初からテーマが限定されている場合もありますが、卒業論文ではそうはいきません。ある程度、テーマを考えて調べてみたところで、それに関連する資料や文献の厖大さに圧倒され、調査や実証についても、

どう手をつけたらよいのか途方に暮れるのではないでしょうか。

実際、テーマを設定しただけでは論文は書けません。そこで、本書では、卒業論文を想定して、以下のやり方を提案します。

(1) 概説書・事典などで主要文献を限定的に選ぶ：

では、なぜテーマを絞りこめず、また論文が書き出せないのでしょうか。それは、自分が何かを製作するエンジニアで、使う資料や文献をその材料のように考えているからではないでしょうか。このようなやり方で書ける人もいるでしょう。しかし、学部の1・2年生やレポートを書いた経験の少ない人には困難です。

本書では、むしろ、**文献や資料を主要なもの・基本的なものと副次的・補助的なものにはっきり分け、前者を自分の「議論」を構成するための対話相手と考える**ことを提案します。主要文献を対話相手とする、ということは、それを読むことで問題を設定し、自分の主張をつくっていく相手と考えるということです。

(a) それには、まず、テーマの大枠についての教科書や概説書、紹介書、あるいは分野専門の事典やハンドブックなどに目を通します。そして、自分が関心のある分野を限定します。

(b) そして、その限定された分野で**必読書としてあがってくる文献、あるいは概説書や紹介書で共通して取りあげられている重要文献を、数冊、主要文献としてピック・アップ**します。よい教科書や概説書では、「読むべき本」として

重要文献がリスト・アップされている場合があります。それらのうちから選ぶとよいでしょう。

分野によっては、いわゆる古典といわれる著作が重要である場合もあるし、他の分野では、古典よりも最新の良書を読むべき場合もあります。

いずれにせよ、主要文献を選ぶ基準は、原著者がなんらかの独創的な主張をしており、テーマに関する独自の見解を持っていることです。

たとえば、「日本の食糧事情」をテーマにした場合、それについて、「現状はコレコレで、今後、食糧政策はこのようにすべきだ」とか、「森鷗外の文学」をテーマにした場合、「この時期の彼の作品には、コレコレという外国作品の影響が強い」などと強く自分の主張を行っている著者がいるはずです。

(c) これらの文献にごくざっと目を通し（これをサーヴェイといいます）、自分の関心にあっているか調べておきます。

これらの主要文献が、自分の議論を展開するための「対話相手」となります。つまり、これらの文献で表明されている著者の意見に対して、自分はどのように考えるのか（＝テキスト批評）を積み重ねることで論文を展開しようというわけです。

(2) 主要文献をテキスト批評する：

上で選んだ文献の著者は、テーマに関して、自分独自の見解や主張を持っています。これらの文献を**テキスト批評で説明した要領**で読んでいきます。

著作のすべての部分をテキスト批評する必要はありません。

自分のテーマに沿った関連のある部分だけでよいのです。

(3) 問題の設定をする：

　テキスト批評がうまく行けば、いくつかの問題が出てくるはずです。このうち論文として展開するに値する問題を選んで、論文の問題設定とします。それが重要な問題ならば、それに対して複数の著者が、異なった（あるいは対立した）主張をしているでしょう。これらの主張と対比させながら、問題に対する自分の主張・結論を固めていきます。

　しばしば、学生がレポートや論文を書けなくなる原因は、「……について」という主題だけで書き始めようとするからではないでしょうか。たとえば、「日本の食糧事情について」というテーマだけで資料収集しようとしても、どこから手を付けてよいかわかりません。それを「日本の食糧事情から見て、現在の政策は適切か？」と、きわめて単純に疑問文にしただけでも、「……について」よりも目的が明確化されます。

　3章「3.5.2 序論」で述べたように、**問題を出すことではじめて、論文の目的が提出され、論ずる内容を収斂させることができるのです**。論文は、問いとともに始まることを忘れないでください。そして、この問題提出は、一人で考えるよりも、そのテーマについてのさまざまな主張に相対することで明確化するのです。

(4) 議論を構成するための複数の意見の検討：

　さて、テーマを限定し、問題を立てたところで、**議論の構成を考えます**。ある問題に対して、いくつかの（あまり多くしてはいけません）異なった意見や対立する意見を検討しま

す。こうして、ひとつの問題に対して複数の対話者が立ちました。これらの主張のあいだの対話・討議として議論を展開します。

　その時自分は、人の意見の単なる判定役ではなく、対話者、討議者の一人として自分の立論を打ち出さねばなりません。たとえば、先の食糧事情の例では、いくつかの政策案を検討し、自分はどのようなものが支持できるのか、既存の案以外のものが提示できるか、という展開で議論を進めることになります。ここでも、テキスト批評の**議論**のやり方で「結論」まで進めればよいのです。

(5)　補助的資料・文献を集める：

　以上の過程を経て、議論を展開する大筋が決まったら、それに関連する二次的・補助的な文献や資料を集めます。

　主要文献が、対話・討議の相手ならば、補助的な資料や文献は、自分の証言に立ってくれる証人とでも言うべきでしょう。**自分の主張を裏打ちしてくれる資料や文献、反論したい主張をうまく批判している資料や文献を集めます。**さらに、**逆に、自分の立場と相反し、自分のとる主張に批判的なもの、自分の立場に疑問を呈してくるものも検討します。**主張は、疑問に答え、反論を説き伏せることで堅固になっていくという討議の原則を忘れないでください。

　補助的な資料や文献は、先の主要文献を探すときよりも、網羅的に探します。ここでは、図書館や情報センターの利用法が重要になってきます。文献や資料の本格的な収集の仕方は、本書の末尾に載せました資料・文献検索専門の参考書を見ることをお薦めします。

現在では資料収集はしばしばインターネットを通じて行われますが、いまだにネットにあがっていない重要な情報も存在します。たとえば、稀覯本や古い記録などは図書館や博物館など足を使って探さねばならないものもあります。資料収集については、大学の図書館のレファレンス・カウンターを積極的に利用してください。また、付録3の「インターネットの利用法」も参考にしてください。

4.2. 本文の組み立て方

　ここでは、本文（序論・本論・結論）の組み立て方、その計画の立て方について説明します。

　論文を書くとき、予備研究や資料集めができたからといって、そこでいきなり書き始めてもうまくいきません。**本文の組み立て方を構成表にしてみて、議論の流れや論じる内容相互の関連をはっきりと計画することが必要**です。構成表を作るには、あくまで、論文の各部分の内容とその相互間の関係の分析が正確に行われていることが前提となります。以下に本文の組み立て方について説明します。

(1)　問題と章・節の対応：

　本文を組み立てるのにもっとも大切なことは、「本論」で**論じる各内容が、「序論」で提示した主題と問題にどのように対応しているのか、という位置づけを明確にすることです。**

　3章で述べたように、「序論」で提出した主問（題）に対する答えが、「結論」です。しかし、大きな問いである主問に答えるためには、順を追って、いくつかのより小さな問題、**副問**に答えることで、段階を踏みながら最終的な結論に到達しなければなりません。

　つまり、主問という論文を貫く大問題に対する答えが「結論」であるなら、これに関して立てられた、より具体的な各問題（副問）に対する議論と答えは、各「章」で与えられていなければなりません。さらに章中の各「節」は、章の問題をさらに具体化した各**小問**に対応している必要があります。

(2) 章、節の同格性と相互排除性：

　各章どうし、節どうしは同格であり、並列的に配列されなければなりません。また、それぞれの章の章題、あるいは節の節題は、相互に排除的でなければなりません。図に示せば以下のようになります。

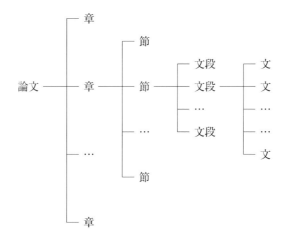

　たとえば、ある著者の思想を、「前期」、「中期」、「後期」といった三つの時代区分にしたがって解釈することを論文の主題にした場合、それぞれの区分に章を割き、それぞれを同格にする必要があります。また、ある画家の作品をモチーフ別に分析することを主題にした場合、たとえば、「人物画」、「風景画」、「静物画」といった分類は同格であり、各章に割り当てます。さらに「人物画」の章をより細かくモチーフ別にして論じるなり、時代別に分類して論じるなりする場合には、「人物画」の章をその分類にしたがって、節に割り振ることになります。

　逆に言えば、以下のような章の割り振りは、論題の分析が

おかしいのです。

〈例〉

<u>一章</u>	前期思想	一節	思想形成期
		二節	初期作品とその周辺思想の特徴
<u>二章</u>	中期思想	一節	中期思想の形成の要因
		二節	中期思想の特徴
		<u>三節</u>	後期思想

二章三節の「後期思想」は、一章や二章と排除しあうものであり、二章の節のうちに含めず三章とすべきです。

⑶ 「章・節」間の連関：

論文の各章どうし、各節どうしは、基本的には以下の二つの関係のいずれかによって内容的に連関していなければなりません。その二つとは、**並列と進展**です。これを建築物にたとえるなら、**横構造と縦構造**に相当します。

⒜ **並列**とは、ある主題あるいは主問題に対して多面的・多角的に問題が立てられ、章や節どうし並列的・列挙的に連関することです。

たとえば、「現代アメリカ経済の問題点は何か？」という主問に対して、「第一次産業の問題点は何か？」、「第二次産業の問題点は何か？」、「第三次産業の問題点は何か？」という三つの章は、産業分野ごとの分類で並立していることになります。また、「日本仏教史」を主題にとった場合、「奈良時代」、「平安時代」、「鎌倉時代」などの章立ては、時代的に章を並列させていることになります。また、「アラビア文化はどのような影響を西欧へ与えたか」という主問に対し、「日常物（に見られる影響）」、「数学（に見ら

れる影響）」、「自然学（に見られる影響）」など分野に分けて章を立てたときにも、並列と呼ぶことができます。**「並列」とは、内容的に同格で、観点・視点が異なる記述を中心とした章・節を互いに関連させる方法です。**

(b) それに対して進展とは、章・節のあいだが、**因果関係の追求、論理的帰結、分析や総合、議論の深化・展開、問題と解決などの関係によって、議論の進展として直線的に結びついている場合を言います。**

たとえば、「現代アメリカ経済の問題点とは何か？」と「その解決法は何か？」という二つの章は、問題‐解決という議論の進展で結びついています。「日本仏教の歴史的変遷」と「その基本的傾向」は、前者を後者が総合していますし、「アラビア文化の西欧への影響」と「その原因」は因果関係の分析という形で議論が進展しています。

ここにあげた二つの連関は極めて大まかな分類ではありますが、このような場合論文は基本的にはこのつながりで進行していると考えられます。以下、具体的な構成表によって説明します。

たとえば、ロドニー・ニーダムの『象徴的分類』[*1]の章立てを例にとるならば、以下のようになります（コロン以下が節）。

〈例1〉
　　一章　分類の諸形態：　　二元論・三元論・四元論・五元論・七元論・九元論

---

*1　ロドニー・ニーダム　『象徴的分類』　吉田禎吾・白川琢磨訳、みすず書房、1993年。

　　　　二章　象徴分類の理由：　秩序・思索・権利と義務・
　　　　　　　　　　　　　　　　臨時の使用
　　　　三章　理論の検討：　　　社会決定論・儀礼起源説

　節どうしの関係は、一・二・三章とも並列的になっています。それに対し、二章は一章であげた事例の動機的分析を行うことで、議論が**進展**しています。さらに三章は、一・二章で得た実地的成果を総合する諸理論の検討を行い、ここでも議論を進展させています。したがって、この著作の「構成表」は以下のようになるでしょう。

　もうひとつの例（ジョルジュ・カンギレム　『正常と病理』[*1]）を見てみることにします。
　　〈例2〉
　　　　第一章　病理学的状態は、正常な状態の量的変化に
　　　　　　　　過ぎないか。
　　　　　1　問題への導入
　　　　　2　オーギュスト・コントおよび《プルセの原理》
　　　　　3　クロード・ベルナールおよび実験病理学
　　　　　4　ルリッシュの考え
　　　　　5　理論の意味

[*1]　ジョルジュ・カンギレム　『正常と病理』　滝沢武久訳、法政大学出版局、1987年。

第二章　正常と病理の科学は存在するか。
　　　　1　問題の導入
　　　　2　幾つかの概念の批判的検討
　　　　3　規範と平均
　　　　4　病気、回復、健康
　　　　5　生理学と病理学
　　　　6　結論

　この場合は、各章で問題が一応完結した形で論じられています。一章の2、3、4節は並列的な議論であり、二章の1－2－（3、4）－5－6は進展的に議論が進み、3、4は並列しています。かつ、一章と二章は、『正常と病理』という主題について進展して議論が進められています。これを構成表にすればこうなります。

　これらの構成表はかなり単純化したもので、並列か進展かの区別がはっきりとはしない進み方の論文も多いでしょう。
　しかし、構成表を作る時には、できるだけ簡単な配列の章立て、節立てを考える必要があります。上記のような樹系の形に、章・節ごとに表題をつけて1枚の構成表を作り、論じる問題がどのように相互に関連し合っているか明確にしてみてください。これを十分に構築してから、実際の執筆にかかることが大切です。
　とくに章や節どうしのつながりが、進展の関係にある場合には、それが前章からの帰結なのか、総合なのか、といった

論理的関係を考慮し、明確にすることが必要です。構成表で計画しながら、どれだけ各議論のあいだを緊密に結びつけるかが、論文の要です。

5章

注、引用、文献表のつけ方

5.1. 注のつけ方

卒業論文ではもちろん、レポートでもしっかりとした注をつける必要があります。とくに**参考資料や文献などがあるときには、かならず注をつけなくてはなりません**。後に述べますように、これを怠ったときには、たとえ大学に提出される論文やレポートであっても評価の対象外になるばかりか、著作権にかかわる不正となることを知っておいてください。

5.1.1
「注」とは何か？

注は、本文中で述べた**説明や主張の補足**をしたり、それがどのような**資料的裏づけや典拠を持っているかを示して、自分の主張の証拠固めをするもの**です。また同時に、読者に対して、自分の説明や主張を検証したり、跡づけたりする機会を与えます。いわば、**手の内を明かすわけ**です。

また、「注」は、本文中に記号（番号）をつけた**注記号（番号）**と、その注の内容（たとえば引用箇所の典拠や補足的説明）を述べる**注欄**から成ります。

5.1.2
注の目的

注は、主に以下の2つの場合につけます。

(a) 出典の提示

　　資料からの引用の出典、または要約の出典、自分のものでない意見の出典を示す場合（図表、統計なども含みます）。

(b) 補足的説明

　　本文中では、論述の流れを妨げるが、本文の事項の理解に役に立つ補足的説明、情報、コメントなどをする場合。

5.1.3 注の種類

注の種類は、割注、簡易注、頭注、脚注、傍注（側注）、後注（尾注）、段落注、組み入れ注、文献対照注、別冊注があります。

以下の説明では、もっとも一般的な**脚注（footnote）**と**後注（endnote）**を説明します[*1]。

[*1] 以下、注の書き方の注意については、澤田昭夫『論文の書き方』講談社〈学術文庫〉、1977年、144-147頁を参考。

5. 2.　注記号（番号）と注欄のつけ方

5. 2. 1
注記号（番号）
のつけ方

横書きの場合、注記号をつけるべき語句や文章が終わったところで、丸括弧で囲んだ番号ないし記号（「*」など）を文の右肩につけます。

〈例〉　横書きの場合：
「------(1)」。→　括弧内の引用全体にかかる。
-------(2)。→　文全体にかかる。
----(3)----。→　直前の語句にかかる。

縦書きの場合は、記号（番号）を、語句や文章の終わったところで、右上か、右下につけます。

5. 2. 2
注欄のつけ方

論文では、**注欄として脚注か、後（尾）注のいずれかを選ぶ**ことが一般的です。脚注は、注の必要な各頁の下（脚）の部分につける方法で、後注は、本文全文の末尾か、あるいは各部・章・節の末尾にそれまでの注をまとめて記す方法です。いずれの方法をとっても、途中でそれを切り替えたり、方針を変えたりしないことが肝心です。

5. 2. 3
注のつけ方の
注意

以下の点に注意してください。

(1) 後注にする場合は、注記号はつねに番号で書きます。番号は、短い論文ならば、すべて通し番号でも構いません。卒業論文ぐらい長くなれば、章ごとに(1)から始めて、注欄に一章、二章と分けて書いたほうが読みやすいでしょう。

脚注はそのページごとで番号か、または（*）（**）（***）といった記号をつけます。

(2) 注記号（番号）をつけた後、それに対応する注欄を書き

忘れてしまうことはもちろん、注と注欄がくい違わないように気をつけます。

(3) 他人の著作の注を無断で盗用すると、著作権侵害となります。

原資料はなるべく自分で調べて、孫引きは避けるべきです。 どうしても自分で確かめられない場合は、(…からの引用)または (cit. in ...., quoted by ...) と断っておきます。

(4) 注に出典を記す場合には、著者名、論文(著書)名、雑誌名、巻数、刊行地(出版社などのある場所)、発行所名(雑誌の場合は不用)、刊行年、ページ数を記して、出典の完全な情報を与えます。詳しくは以下の5.4の「注欄における引用出典の書き方」を見てください。

(5) 注欄で内容をくり返す場合は**略記**を利用します(5.4.3参考のこと)。

5.3. 引用の仕方

5.3.1
著作権と引用

　出典からの引用や要約は、かならず注をつけて、元となっている典拠を示す必要があります。これは読者に出典先を示すためでもありますが、それ以上に**著作権・出版権・版面権（著作などの複写・複製に制限を与える権利）**を擁護するためのものです。たとえ大学で提出される小論文やレポート、いわんや卒業論文においては、盗用や無断流用は絶対に避けなければなりません。これは論文の内容を問う以前の倫理の問題なのです。

　著作権は、出版物だけでなく、音楽、演劇、映画、写真、絵画、建築、コンピュータ・ソフト、データ等、創作されたものにはすべて認められ、創作された時点で著作権が生じます。著作権は財産権であり、それへの侵害は故意・過失を問わず法的罰則の対象となり、被害者は財産上の損害賠償の請求ができます。

　近年、こうした知的所有権の侵害に関しては、各国の基準が厳しくなっており、訴訟が絶えないのは報道されるとおりです[*1]。

　著作権などの権利を侵害せず、むしろ保護することは、論文の出来不出来を問う以前の道義的・法的な倫理の問題です。これらの権利への侵害が、大学に提出された論文（小論文・レポートを含む）に見出された場合には、提出者は成績評価が受けられないことはもちろん、それ以上の責任追及が大学の内外からなされる可能性があります。ですから、上であげた創作物を自分の論文中で利用、参照する場合には、かならず注をつけ、

---

*1　詳しくは、中村健一『論文執筆ルールブック』日本エディタースクール出版部、1988年、26章、富田徹男『知的所有権』ダイヤモンド社、1993年を参考のこと。

その典拠・出典先を明示しなければなりません。

　文献表に掲載した著作物は、すべて論文中で注がつけられていなければなりません。**注で参照されていない著作物が文献表にあがっていてはいけません。また文献表を作るだけで、そこにあげられている著作物が論文中のどこで参照されているかを示していない論文、すなわち引用・参考の注のない論文は剽窃と判断されることがあります。**かならず、出典を示す注をつけましょう。

5.3.2 引用の仕方

次のような仕方で引用してください。
- 引用した文章は一重カギ括弧（「　　」）で囲みます。
- 引用中の引用や括弧つきの文は二重カギ括弧（『　　』）で囲みます。
- 欧文で書く場合は、引用が double quotation（"　　"）で、引用中の引用が single quotation（'　'）とします。
- 引用文を閉じる括弧の前に引用符（＝注記号）をつけます。
  〈例〉「－－－－－－－－－[(1)]」

5.3.3 引用の際の注意

以下のことに注意してください[*1]。

(1) **引用は、なるべく短く、数も過多にならないよう心がけます。**

　長大な引用を避けるために、「……」ないし「［……］」を用いて前略や中略を行っても構いません。
  〈例〉「論文において筆者は、［……］提出された問題に解答を与え結論づけなくてはならない」。

---

*1　澤田昭夫、前掲書、146-147頁参考。

あまりに長い引用は本文中から取り出し、注欄か、または付録として論文の後部につけた方がよいでしょう。

(2) 引用は出典から正確・厳密に引用します。

引用は恣意的に行われてはなりません。内容の改変・変造はもちろん、故意に前後の文脈を無視した引用も不正です。

出典の文章中に明らかな誤字や誤植があった場合でもそのまま引用します。その時、自分が誤って誤字・誤植を犯したのではないことを示すために、「 (ママ)」という符号をつけます。

〈例〉「やっと、今日の午後に源稿(ママ)が完成した」。

(3) 引用文を強調したり、補足的説明を加えるときには注意書きをつけます。

引用文では、部分的に下線をつけて強調することや、前後の文脈や指示代名詞の対象を明らかにするために補足的説明を加えることができます。しかしその際には、原著者によるものと自分が行った強調や補足とをはっきり区別するため、注意書きを入れます。

(a) 強調の場合は、「(下線強調は筆者)」と引用の最後に記しておきます。

　〈例〉「やっと、今日の午後に原稿が完成した(下線強調は筆者)」。

(b) 補足説明はキッコー「〔　〕」かブラケット「[　]」で囲みます。

　〈例〉「やっと、今日の午後にそれ〔原稿〕が完成した」。

(4) 出典からの要約・参考の後にも、かならず注をつけ典拠

を明らかにします。

　直接の引用でないと、注をつけない人がいますが、それは問題です。著作の内容を要約したり参考などした場合にも、かならず注をつけ、注欄で「−−−を参考」、「−−−から要約」といったようにその典拠を明示します。少しでも他人の著作等を参考にした場合にはそれを示す必要があるのです。

5.4. 注欄における引用出典の書き方

　　先に述べたように、本文中の引用・要約などの典拠先は、注欄において正確に記さなくてはなりません。そこでは、引用出典に関する情報を、一定の規則にしたがって記します。

　　実を言えば、日本語論文における出典表記の方法は完全に確定していませんし、分野ごとにまちまちなのが現状です。ここでは、もっとも一般的な形と思われる中村健一の『論文執筆ルールブック』の方式を採用しておきます[*1]。

5.4.1　日本語での一般的な出典表記法

　　注に出典（引用したり参照したりした元の資料・文献）を記す場合には、著者名、論文（著書）名、雑誌名、巻数、発行所名、刊行年、ページ数を以下の順序と要領で記します。以下、順序どおりにそれぞれ注意すべきことをあげておきます。

　　(a)　著者名他：
○敬称は不用です。
○共著の場合は3名までの場合は全員書き、4名以上の場合は最初の1名を書いて、残りは「－－他」とします。
○複数の著者が執筆している編纂物（＝アンソロジー）の場合は、「－－編」と書き、共同執筆者名は不用です。
○編者が執筆者をかねていれば「－－編著」。
○監修者がいれば「－－監修□－－著」ないし「－－監修□－－編」（「□」は「一マス開ける」という意味）。

　　ただし、同一著者の文章だけから成る編纂物や訳書については、編纂者や訳者は書名の後に記します。

[*1] 中村、前掲書、16章参照。

〈例〉「著者名□『書名』□－－編□－－訳」。

(b) 書名：
○単行本名は二重カギ『－－』、雑誌論文名は一重カギ「－－」とします。
○論文が所収されている雑誌や書籍は二重カギ『－－』。
○副題も忘れずにダッシュ［──］かコロン［：］で本題とつなげて括弧内に書き入れます。

(c) 発行所名：
出版社名を記し、版権者名を明示します。

ただし、発行元が販売元（出版社）と同一でない場合もあるので注意。また、日本では欧米のように発行所の前に刊行地をあげる必要はありません。

(d) 刊行年：
引用出典を明示する場合は典拠した版を表記します。

ただし、元号での表記は細切れで年号の連続性が分かりにくいので、西暦と併記するようにします。日本史などで元号のほうが重要な場合もありますが、その場合でも西暦をつけ足したほうが望ましいと言えます。

(e) ページ数：
引用箇所のページ数を書きます。「頁」でも「ページ」でも構いません。

〈例〉「15頁」、「15ページ」、「234-239頁」、「123ページ以下」。

5.4.2 引用出典の実例

これより注欄における実例をあげます。以下のものは筆記例で、内容は任意で意味はありません。

Ａ．単行本の場合

著者名□『書名』［巻数，］［□編者名□訳者名，］□発行所名［〈文庫・新書〉］、刊行年、引用頁。

－著者が一人の例－

(1)幸田文　『崩れ』　講談社、1991年、132頁。

(2)饗庭孝男　『幻想の都市――ヨーロッパ文化の象徴的空間』　新潮社、1992年、12、15頁。

－共著の例－

(3)滝沢武久他　『知能の心理学』　有斐閣〈新書〉、1980年、85-89頁。

－編著の例－

(4)内井惣七・小林道夫編　『科学と哲学』　昭和堂、1988年、30-40頁参考。

(5)日本麺類業団体連合会編　『そば・うどん百味百題』　柴田書房、1986年、12頁参考。

(6)永井荷風　『荷風随筆集（上）』　野口富士男編、岩波書店〈文庫〉、1986年、17頁以下を見よ。

－翻訳書の例－

(7)エドワード・サイデンステッカー　『東京・下町山の手』　安西哲男訳、筑摩書房〈文芸文庫〉、1992年、216-219頁の随所に。

(8)ヴェルナー・ゾンバルト　『戦争と資本主義』　金森誠也訳、論創社、1996年、124頁の表5を参照。

(9)A.トクヴィル　『アメリカの民主政治（下）』　井伊玄太郎訳、講談社〈学術文庫〉、1987年、353頁脚注(1)から引用。

B．論文・新聞記事などの場合

＊雑誌・新聞所収の場合：

著者名□「論文・記事名」□［訳者名,］『雑誌・新聞名』巻号数、［発行所名,］刊行年［月］、引用頁。

＊アンソロジー所収の場合：

著者名□「論文・記事名」□『書名』［□編者名□訳者名,］巻号数、発行所名、刊行年、引用頁。

－雑誌論文の例－

(10)亀井紘　「両大戦間期イギリス外交の基本的性格(1)」『八幡大学社会文化研究所紀要』第6号、1980年、90頁。

(11)梅津八三　「心理学的行動図」『研究紀要』1号、重複障害研究所、1976（昭和51）年、15-18頁を参考。

(12)宿谷栄一　「日中貿易をどう発展させるか」『世界』189号、1961年、85頁から要約。

－アンソロジーの例－

(13)多比羅栄　「広報活動と宣伝活動」『芸術経営講座 3 演劇編』　山田翰弘編、東海大学出版会、1994年、65-75頁。

(14)カート・バィアー　「スマートの感覚」『心と脳は同一か──心言語から脳言語へ』　C. V. ボースト編　吉村章他訳、北樹出版、1987（昭和62）年、81頁以下。

5. 4. 3 同一出典の略記

注を簡略にするため、同一の出典のくり返しは、以下のように略記します。

〈例〉

＊1　笠井昌昭　『日本文化史──彫刻的世界から絵画的世界へ』　ぺりかん社、1987年、157頁。

＊2　同上、220頁。

＊3　吉田健一　『金沢／酒宴』　講談社〈文芸文庫〉、1990年、117頁。
＊4　笠井、前掲書、144頁。
＊5　同上。

5.4.4　欧文語の文献を引用した時の出典表記法

　日本語で書く論文で、外国語文献を参照した時、その著書名などを外国語のまま注に記さねばならない場合がしばしば起こります。注の表記法や出典表記法は、国や分野により微妙に異なり、まったく一律の国際的基準はいまだ存在しません。

　ただし、欧文文献に関する注については、日本では**米国現代語学文学協会（MLA）**の注表記方法が利用されてきており、ここでもそれを参考にしました[＊1]。

　しかし、注欄を日本語で書く限り、MLAなど英語表記の注形式をそのまま日本文中に混入することは、日本語表記との過度のくい違いが生じる可能性があります。近年の国際化に伴って、どこの国でも同様の事態が見うけられます。そこで本書では、いくつかの著作[＊2]を参考にしながら以下のような方針にしてみました。

　注の役割は読者に対して手の内をきちんと提示することと著作権・版面権・出版権の擁護にあり、典拠明示のための分かりやすさを第一とすべきです。

　以下、細目表記で注意すべき点をあげておきます。

＊1　J. ジバルディ　『MLA 英語論文の手引き』　原田敬一監修、原田譲治訳編　第6版、北星堂書店、2005年参考。

＊2　中村健一の『論文執筆ルールブック』と澤田昭夫の『論文の書き方』の欧文注の基準が、日本語表記とのかみ合いがよいように思われます。中村、前掲書、16章および、澤田、前掲書、8章参考。

(a)著者名他：
　　○**注ではファーストネームを先に書きます**。
　　○複数の著者の間はコンマか and でつなぎます。
　　○執筆者が多いときは、［et al.］又は［etc.］で省略します。
　　○編者は［ed.］とします。

(b)書　名：
　　イタリックで書くか、もしくは下線を引きます。サブタイトルはメインタイトルにコロン［：］かダッシュ［―］でつなぎます。

(c)論文名：
　　論文名は**ダブルクォーテーション**［"...."］でくくります。

(d)雑誌名：
　　書名同様、**イタリックか、下線**。

(e)巻　数：
　　巻数は［Vol. 1］、号数は［No. 2］とします。全何巻か示すときは、［3 vols.］とします[*1]。

(f)刊行地：
　　複数の都市で同時に刊行されている場合は、スラッシュ［／］でつなげるか、最初の都市名以外は省略して構いません。

(g)発行所名：
　　刊行地の後に、出版社名をコロンかコンマでつないで記します。

(h)刊行年：
　　パーレン［（　）］で括っても構いません。

[*1]　MLA 等では巻数の前に Vol. や No. をつけないようになっていますが、本書では、日本語で書かれた注欄では読みやすさのためこれらをつける方針を推薦します。

(i) 頁　数*1：

例をあげてみます。

○単独では p. 12. 連続頁では pp. 12-15.

○独立した複数箇所は pp. 123, 128.

○ある頁とその次の頁では pp. 12f. ある頁とそれ以降数頁は pp. 12ff. と記します。

5.4.5
引用出典の
実例

細目の筆記順序に関しては以下のとおりとします*2。

コンマのあとには1スペースあけてください。

A．単行本の場合

著者名，書名，刊行地：（または，）発行所名，刊行年，引用ページ．

〈例〉

(1) Joseph Needham, *Science and Civilasation in China*, Vol. I, Cambridge: Cambridge UP, 1954, p. 33.

(2) Ernst R. Hilgard, *Divided Consciousness*, expanded ed., New York: John Wiley & Sons, 1985, pp. 23-24.

(3) D. Hofstadter & Daniel Dennet（eds.），*Mind's I*, Basic books, 1981, pp. 55ff.

B．雑誌やアンソロジーの場合*3

執筆者名，"論文名，"雑誌名（書名），編者名，巻・号数，〈刊行地〉，刊行年，引用ページ．

---

*1　巻数と同じ理由で p. や pp. は省略しない方針を取ります。
*2　中村，前掲書，194-195頁参考。
*3　中村は雑誌名と編者名を上で示した形と逆にする方針を取っていますが、ここでは雑誌名の後に編者名を記す澤田の方針を取ります。この形を取れば、MLAの引用と同様の順序となるからです。

〈例〉

⑷ Max Black, "More about Metaphore," in *Metaphore and Thought*, Andrew Ortony（ed.）, Cambridge: Cambridge UP, 1979, pp. 55-66, 77.

⑸ H. Lapointe, "The Existence of Alter Egos: Jean-Paul Sartre and Maurice Merleau-Ponty," *Journal of Phenomenological Psychology*, Vol. 6（1963）, p. 234f.

これらの英語注を日本語に組み込むと、以下のようになります。

〈例〉

＊1　この事項に関しては、Ernst R. Hilgard, *Divided Consciousness*, expanded ed., New York: John Wiley & Sons, 1985, pp. 23-24を参照。さらに、H. Lapointe, "The Existence of Alter Egos: Jean-Paul Sartre and Maurice Merleau-Ponty," *Journal of Phenomenological Psychology*, Vol. 6 (1963), pp. 234f 及び、エルンスト・クレッチマー　『医学的心理学』　西丸四方・高橋義夫訳、みすず書房、1955年、54頁も参考にした。

5. 4. 6　簡易な組込注のつけ方

　　ここまでは、注番号と注欄を別個にする注のつけ方を説明しましたが、最近では、引用や参考の注にかんしては、もっと簡易な方法がポピュラーになっています。多くの分野でこの方法が薦められています。

　　論文の末尾に文献表（「5. 5. 文献表の作り方」参照）をつけ、それに対応させた**簡略な注記を本文中に組み入れてしまう**やり方です。横書きの場合には次のように書きます。

○引用の仕方
　〈例〉「事実そのものは、知識や理論とは独立に存在している、と考えるのは少々素朴です」(河野　1997：15)。
　　⇒参考文献表の対応箇所：
　　　河野哲也　『レポート・論文の書き方入門』　慶應義塾大学出版会、1997年。

○参考の仕方
　〈例〉　応用倫理学の専門家によれば、情報化社会において各人が守るべき最低限のルールを「情報倫理」と呼び、インターネットの普及にともないますます重要度を増しているという(梅本　2002：5-10；越智・土屋・水谷　2000：35-40)。
　　⇒参考文献表の対応箇所：
　　　梅本吉彦編著『情報社会と情報倫理』　丸善、2002年。
　　　越智貢・土屋俊・水谷雅彦編『情報倫理学』　ナカニシヤ出版、2000年。

　この表記方式では、「**著者（編者）□発行年：引用・参考頁**」を本文中に組み入れ、**参考・引用文献が複数あるときはセミコロン（；）でつなげます**。ある著者が同じ年に複数の著作や論文を書いているときは、参考文献表に、あらかじめ、a, b, c, などの区別符号をつけておきます。注では、たとえば、(河野 1997a：15) などとしておきます。

　以上のような引用・参考の仕方は簡単で、注欄のために紙面を割く必要がなくなります。英語圏ではきわめてポピュラーです。**注番号と注欄をつけるのは補足説明のためだけにします**。

○縦書きの場合の引用と参考の仕方

　もしも文章が縦書きなどで、コロン（：）やセミコロンが、書きづらく、視覚的にも見苦しいと思ったならば、以下のように半角スペース分を空け、参考文献が複数あるときは読点（、）を使ってもよいと思います。

　　〈引用例〉　「……考えるのは少々素朴です」（河野　一九九七年　一五頁）。

　　〈参考例〉　……ますます重要度を増しているという（梅本　二〇〇二年　五－一〇頁、越智・土屋・水谷　二〇〇〇年　三五－四〇頁）。

5.5. 文献表の作り方

　　文献表は、利用した文献や資料に関するすべての情報の一覧表のことです。

　これを論文の末尾につけると、脚注や後注の注欄をごく簡単な略記ですませることができます。例えば、「中村（1988）、12頁。」、「［文献表］123番、34頁。」といったように、文献表のどの文献か指示しさえすればよいのです。よって、注や引用の多い論文では、文献表をつけたほうがはるかに便利です。卒業論文では文献表を作りましょう。

5.5.1 作成上注意すべき点

(1) 文献表は、著者名別の五十音順ないしはアルファベット順に統一します。

　氏を先行させ、氏が同一である場合は名前で順序をつけます。欧米語文献が多いときは、アルファベット順が便利です。同一著者の著書・論文は年代順にします。

(2) 全資料・文献を一括した**統一文献表**か、あるいは書籍・雑誌論文・新聞記事などの文献の種類ごとにまとめる**区分文献表**があり、どちらを採用しても構いません。ほかに、章ごとにまとめる方法などもあります。

　卒業論文程度までの長さなら統一文献表が適当です。

(3) 直接引用や要約の形で参照しなくても、なんらかの形で参考にした書籍・論文はすべて文献表に載せることが望ましいと言えます。

5.5.2
日本語での
細目表記順序

日本語の場合は**注形式と同じ順序**にします。

A．単行本の場合

著者名□『書名』［巻数、］［□訳者名、］□発行所名［〈文庫・新書〉］、刊行年。

① アリソン，グラハム・T.『決定の本質——キューバ・ミサイル危機の分析』 宮里政玄訳、中央公論社、1977年。

B．雑誌論文の場合

著者名□「論文・記事名」［□訳者名、］『雑誌・新聞名』巻号数、［発行所名、］刊行年［月］、掲載全頁数。

② 秋本辰雄 「身体的図式——幻影肢痛について」『心身医学の実地治療』 池見酉次郎他編、医学書院、1978年、359-362頁。

C．アンソロジー所収の場合

著者名□「論文・記事名」□『書名』□編者名、［□訳者名、］巻号数、発行所名、刊行年、掲載全頁数。

③ 内井惣七 「数学的論理学の成立」『現代哲学のバックボーン』 神野慧一郎編、勁草書房、1991年、11-32頁。

○このように文献表においては、雑誌論文やアンソロジー所収の論文は、出典注とは異なり、その**論文が掲載されている全頁数**（例えば、1-50頁）を示します。

5.5.3
欧文文献の
表記の仕方

外国語文献に関しては、上のような事情で統一した基準を作りにくい状況にあります。ここでも、英語の文献使用が多いことを考慮して、MLAの方式を説明します[*1]。このままのかたちで、文献表に組み込むことを薦めます。

細目表記順序の実際は以下のとおりです。

　文献表には3つの主要区別（著者、表題、出版細目）があり、それぞれのあとにピリオドをうち、そのあと2スペースあけます。コンマとコロンのあとは1スペースあけます。

　以下、ピリオドやコンマ、コロンのつけかたも重要ですので注意して下さい。

A．単行本の場合

　著者名（氏，名）．書物の表題．編集者名，訳者名，編纂者名．使用した版．使用した巻の数．シリーズ名．刊行地：発行所（＝出版社），発行年．

－著者が単独－

Johnston, Arnold. *Of Earth and Darkness: The Novels of William Golding*. Columbia: Univ. of Missouri Press, 1980.

－著者が複数－

Churchland, Patricia S., & Terrence J. Sejnowski. *The Computational Brain*. Cambridge, Mass.: MIT Press, 1992.

－著者が単独で編者がいる－

Howells, W. D. *Their Wedding Journey*. Ed. John K. Reeves. Bloomington: Indiana UP, 1968. Vol. 5 of *A Selected Edition of W. D. Howells*. Gen. ed. Edwin H. Cady et al. 32vols. 1968-83.

－著者が単独で、編者と訳者がいる－

Merleau-Ponty, Maurice. *Texts and Dialogues*. Ed. H. J. Silverman & J. Barry Jr. Trans. M. B. Smith et al. New Jersey: Humanities Press, 1992.

＊1　Ｊ．ジバルディ、前掲書、参考。

B．アンソロジーのなかの論文（作品）の場合
著者名（氏，名）．"論文の表題．"書物の表題．編集者名，訳者名，編纂者名．使用した版．使用した巻の数．シリーズ名．刊行地：出版所，発行年．掲載頁数．
○ただし、最初単行本として出版された論文や作品は書名と同様イタリックにします。

－一人の著者によるアンソロジーの中の論文－

Conford, F. M. "The Invention of Space." *Selected Papers of F. M. Conford*. Ed. Alan C. Bowen. New York & London: Garland Publishing. INC., 1987.

－複数の著者によるアンソロジーの中の論文－

Montefiore, Alan. "Fact, Value and Ideology." British Analytical Philosophy. Eds. Bernard Williams and Alan Montefiore. London: Roatledge & Kogem Paul, 1966. 179-203.

－複数著者によるアンソロジーの中の論文（翻訳者あり）－

Ueda, Shizuteru. "Nishida, Nationalism, and the War in Question." Trans. Jan VanBragt. Eds. Jawes W. Heisig & John C. Maraldo. *Rude Awakenings: Zen, the Kyoto School, & the Question of Nationalism*. Honolulu: Univ. Hawai'i Press, 1986. 77-106.

C．定期刊行物のなかの論文（作品）の場合
著者名（氏，名）．"論文の表題．"定期刊行物名　シリーズ名　巻数（発行年）：掲載頁数．

－学術雑誌の場合－

＊一巻が通し頁の場合

Sjaastad, L. A. "The Costs and Returns of Human Migration."

Journal of Political Economy Mar（1962）: 25-30.

＊各号ごとに頁付けしてある場合

Choi, Hak. "Inequality of Income Growth in China." *Asian Economies* 25-4（1996）: 80-91.

――一般雑誌（週刊誌・隔週刊誌・月刊誌・季刊誌）の場合―

＊週刊誌・隔週刊誌（完全な年月日を記し、巻・号ナンバーは書いてあっても不用。）

Riddell, Mary. "Putting the Blaire Children under the Spotlight has been Good for New Labour's Image." *New Statesman* 9 May 1997: 11.

＊月刊誌・季刊誌（完全な年月を記し、巻・号ナンバーは書いてあっても不用。）

Narayanan, Suresh. "Fiscal Reform in Malaysia: Behind a Successful Experience." *Asian Survey* Sep. 1996: 869-881.

―新聞の場合（地方紙の発行都市名は、紙名の後、角括弧［　］に入れる）―

D. Kristof, Nicholas. "Year of the Trojan House." *New York Times* 1 Jul. 1997: Al.

5. 6. 欧文略号・略記一覧

　以下の略号を用いると、注においてくり返しを避けることができます[*1]。日本語注において用いても構いませんが、「5.4.3 同一出典の略記」で述べた方法でも十分です。

Cf.	... を参照。
ch(s).	章。ch. 8は8章、chs. 1-3は1から3章。
col.	段。
ed. by	誰々編。
ed.	版　3rd ed.　第三版。
e. g.	(exempli gratia)　例えば。
et al.	(et alii)　及びその他（数名の編・著者の省略）。
f. (ff.)	以下。pp. 10f.は10頁と11頁、pp. 10ff.は10頁とそれ以降数頁。
fol. (fols.)	手稿の葉数。fols. 1-3は第一葉から第三葉まで。
ibid.	(ibidem)　同上。このあとに頁数を付ける。例：Ibid., p. 12.
i. e.	(id est)　すなわち。
infra	上記。前述。
l. (ll.)	行。l. 10は第10行、ll. 10-20は第10行から第20行まで。

[*1]　澤田、前掲書、150-151頁参考。

loc. cit.	(loco citato)　上掲。頁数を入れない。同一資料の同一箇所をさす。
MS.（MSS.）	手稿（複数）。
n. d.	(no date)　年代なし。s. d.（sine die）も同意味。
n. p.	(no place)　出版地なし。s. l.（sine loco）も同意味。
op. cit.	(opere citare)　上掲書。このあとに頁数を付ける。例：Op. cit., p. 12.
p.（pp.）	頁。pp. 12-34 は12頁から34頁まで。
passim	随所に。
rev.	(revised)　改訂。あるいは誰々により改訂（revised by）。
trans. by	誰々により翻訳。
vol.	巻。

付録

1　「見本レポート」
2　接続語・接続表現による文の論理的結合
3　インターネットの利用法

付録1 「見本レポート」

これまでの本論で、レポート・論文に関するさまざまな指示を行ってきましたが、以下に完成したレポートの例をひとつあげておきます。形式や議論の運び方に着目してください。

> ── 設問 ──
> 近代西洋思想のうちで倫理学的にもっとも重要と思われる主張は何か。また、それが、現代においてどのような問題や課題を持っているか述べなさい。
> 分量：400字詰め原稿用紙10枚程度（ただし表題部と注、文献表は字数に含めないこと）。

〈解答例〉

題：功利主義とその現代的課題

序

設問の再定義　「ポストモダーン」という言葉が巷にあふれてはいるが、我々の社会は、依然として近代社会の枠組みによって規定されている。「近代社会」と呼ばれているものは、16-17世紀の西洋において成立したが、以降さまざまな哲学や政治思想が生み出された。そうした近代諸思想において、何が倫理学的にもっとも重要な主張と考えられるであろうか。

目的・最終的主張の予告及び用語の定義　本論で注目したいのは功利主義である。倫理学とは道徳の原則について考察する哲学であるが、西洋には古代より多くの倫理学・倫理思想が存在する。これら古典的倫理学と比較した場合、近代の倫理学を特徴づけるのは、言うまでもなくその近代性である。功利主義は、近代社会や近代国家の基本的原則である平等を裏打ちした倫理観を提出しており、この点において、近代西洋倫理思想のもっと

も重要な主張のひとつとなっていると思われる。

本論の展開 　　そこで以下に、功利主義の代表的思想家であるJ. ベンサム
の予告 　　（Jeremy Bentham: 1748-1832）の説を解説し、その近代的倫理観へ
の影響について論じることにする。彼の主張は多くの利点故に近代
のみならず現代においても幅広く受容されているが、しかし一方、
現代の観点から見ていくつかの重大な問題点を抱えている。これら
について指摘し、そこにどのような課題が残されているのか考察す
ることにする。

第一章：功利主義の原理

一章の目的 　　まず、この章では、功利主義とはどのような倫理的主張であるか、
ベンサムにしたがって解説することにする。

　　近代社会は、16-17世紀のヨーロッパに生まれた。それは、経済
的には、都市市民層の成長、貨幣経済の発達、産業革命によって、
政治的には市民革命、議会制の政治、法治社会、平等による身分差
の撤廃などによって特徴づけられる。このような社会では、中世の
宗教的・形而上学的な迷妄や封建時代の権威主義的な価値判断は否
認され、新たに合理的な基準に則った知識や道徳が求められるよう

参考の注 　　になる[1]。

　　ベンサムは、こうした啓蒙主義時代のイギリスに生まれ成長した。
当時のイギリスは、慣習法を近代的に成文化する法制改革の必要に
迫られていたが、その混乱状況のなかでベンサムは、立法の理論的
基礎となるような道徳の原理を追求したのである。そこで彼が見い
だした原理こそが「功利性」であり、それは次のように定義される。

段落をかえた 　　　　功利性の原理とは、その利益が問題となっている人々の幸福
引用（カッコ 　　　を増大させるように見えるか、それとも減少させるように見え
は不要） 　　　　るかの傾向によって［……］すべての行為を是認し、または否
引用の注 　　　　認する原理を意味する[2]。

付録I「見本レポート」

ここで、ベンサムは、最大限の幸福を実現することが可能であるように行為せよ、という倫理的原則を打ち出している。この立場では、道徳はそれ自体が人生の目的とは考えられていない。ベンサムによれば、人生の目的は幸福にあり、道徳とはむしろそれを達成するうえでの手段なのである。

　ただし、ここで言う「幸福」とは、ある個人にとってだけの幸福ではなく、上の引用で言う「その利益が問題となっている人々」、すなわちある社会の成員全体の幸福を意味する。つまり、ベンサムは、あなただけの幸福ではなく、行為によって影響を受けるあらゆる人の善のために行為せよ、と主張しているのである。それは社会の中の幸福を最大限にするよう努力することを原則とする立場である。個人は、それがいかなる人であろうと、一人としてしか勘定されない。例えば、あなたが隣人を助けることで不利益を被るとしても、放置した場合の隣人の被害があなたの被る迷惑よりもはるかに大きい場合には、隣人を助けるべきなのである。ベンサムは、この功利性の原理を「最大多数の最大幸福[3]」と呼んでいる。

引用の注

第二章：功利主義と近代社会

二章の目的　　以上、ごく簡単ではあるが功利主義の原理について説明した。では、この原理は近代社会・国家のあり方とどう関係しているであろうか。功利主義の特徴が、近代社会に適合したものであることを以下に示すことにする。

　第一の特徴として、ベンサムの功利主義では、さまざまな幸福があってもこれらの間に質的な価値の差がないとした点があげられる。同一の人によって感じられるにせよ、さまざまな人によって感じられるにせよ、等しい量の幸福は等しく望ましいのである。このように各人の幸福を同格と扱った点において、功利性の原理は、貴賤や身分差の撤廃を志向する人格的・法的平等の原則に一致しているであろう。また、幸福に質的な差がない以上、それは加算可能であり、

参考の注　　社会の幸福の総量が計算できることになる[4]。社会の「幸福の総量」

を増大するには、もっとも多くの人が幸福になれる政策を選択すべきであり、それは政策決定における多数決の原則を支持しているのである。

　第二に、功利性は近代社会における配分の平等を裏打ちしていることがあげられる。社会の貧富の格差が大きい場合、裕福な人にとっては多少の金銭や美食などはそれほど重要でないのに対し、貧困な人には極めて重大である。同じ量の金銭なら貧困層に優先して配分する方が社会の幸福量を増大させる。幸福の総量が問題とされる功利主義を取るかぎり、こうした配分上の平等が志向されるであろう。近代的諸国家では、社会的に不利な人を助ける福祉政策や保険制度、あるいは高額所得者に対する累進課税など、多かれ少なかれ平等を志向した政策が実行されているが、これは功利性の原理と一致する政策だと言えよう。

　以上のように、ベンサムの功利性の原理は、近代社会における人格的・法的平等、多数決の原則、配分上の平等などを支持する道徳の原則である。実際それは、現在の我々の社会でも頻繁に採用されている。例えば、現在の刑罰は最小限で十分な抑止効果を選択する傾向にあるが、これは、犯罪者が受ける刑罰と刑罰の抑止効果という不快と快の比較考量にしたがっている。また、近年の臓器移植の問題に関して、アメリカでは、もっとも重症な者ではなくもっとも長く生存できそうな者（つまり子供）に臓器を優先させるという原則が採用され始めている[5]。これも幸福を量的に（この場合は時間的量によって）算定する功利主義に則った考えと言えよう。

> 参考の注

> 二章の主張のまとめ

　このように、功利主義の倫理学は、近代社会の平等の原則に適合した倫理学である。近代社会が既にこれらの原則を採用し、それを法として定めているかぎり、功利主義は近代社会に根づいた倫理観であるとも言えよう。これらの点から、功利主義は近代西洋思想のうちもっとも重要な倫理的主張のひとつだと言ってよいだろう。

第三章：功利主義の課題

三章の目的　　　では逆に、功利主義には問題点はないのだろうか。現在では、いくつかの重大な難点が指摘されている。以下にこれを列挙してみる。

　最初に、本当に、ベンサムの言うように、社会の幸福の総量なるものを計算できるのだろうか。幸福は、人によって、時や場所、状況によって異なり、またそれらを加算することなどできないように思われる。この点は、すでにベンサムの後継者であるJ. S. ミル（John Stuart Mill）によっても指摘されている。ミルは功利主義の立場を受け継ぎつつも、ベンサムの快楽計算の考えを否定し、幸福

参考の注　　　には量のみならず、質的な違いがあると主張した[6]。幸福をすべて量的に計算するというベンサムの考えには、価値の平板化や没個性化を引き起こす効果があるように思われる。

参考の注　　　次に、功利主義は個人の権利に相反するという批判がある[7]。例えば、健康な人間一人の臓器を丸ごと使えば、十人が不治の病から回復するなら、我々は一人を犠牲にすべきであろうか。人口の一割が奴隷になって残りの九割が裕福になるなら、奴隷制度を肯定すべきか。無実の人を捕まえても社会的な不安を取り除いて、社会の幸福の総量を増すことができるかも知れない。功利性の原理はこれらのことを肯定してしまう可能性を持っている。しかし、これらは人権上の観点からとても受け入れることのできない選択である。いかなる場合にも社会全体の利益を優先する社会とは全体主義に他ならない。個人の権利を守るために、功利性の原理に何らかの制限を課す必要があると思われる。

　また、功利主義が想定する「社会」とは何であろうか。ある組織や地域か、あるいは国家か、または人類全体であろうか。「社会」という言葉が曖昧で、その範囲の確定が必要であると同時に、そこからやはり個人の権利の問題が生じてくるだろう。現代でも世界には餓えに瀕した人々がいるが、彼らのため自分や自分の家族の食事をぎりぎりまで押さえるべきであろうか。しかし、それは個人の権利の侵害と批判されかねない上に、自分の身近な者に対する責任の

放棄となるのではないだろうか。あるいは、その「社会」には動物や環境は含まれるだろうか。動物や環境に人間と同じ権利を与えるべきであろうか。これについては大きく意見が分かれるであろう。

　以上のように、功利主義は、近代社会に適合した倫理観としての利点を持つ一方で、重大な問題点や課題も存在する。このことは、功利主義が何らかの修正や補足を加えなければ、倫理的原則として採用できないことを示しているのである[8]。

結　論

　本論では、これまで功利主義を取り上げて議論をしてきた。功利主義は、各人の幸福の追求を肯定し、それに上下、貴賎の差を与えない点で、近代社会の平等の原則を裏打ちする道徳原理である。また、それは現在の我々の倫理観にかなりの程度において浸透している。この点から、功利主義は、近代西洋思想のうちでもっとも重要な倫理学的主張のひとつである。

　しかしながら功利主義には重大な問題も存在した。最初に指摘した価値の平板化や没個性化は、現代の大衆社会の特徴となっている。これは、功利主義が現代社会に根づいているひとつの証拠でもあるが、それが問題点として露呈しているということでもあろう。また、功利性が個人の権利と衝突を起こすという問題も深刻である。個人の権利の擁護は近代社会の大原則である。個人の権利を放棄してまで、功利性を優先すべき理由はどこにあるのだろうか。功利主義はこの問いに答えなければならない。この功利性と人権の衝突は、突き詰めれば、平等と自由の対立という大きな政治上の争点と関係してくるであろう。

後　注

(1)　中谷・足立、195頁参考。
(2)　ベンサム・ミル、82頁。
(3)　同上。

(4) 上掲書、114頁以下参考。
(5) 加藤、40頁参考。
(6) 杖下・増永・渡辺、211頁、およびベンサム・ミル、467-472頁参考。
(7) 加藤、2-3章参考。
(8) R. M. ヘアは、ベンサムやミルの古典的功利主義を修正した「規則功利主義」の立場を提唱しているが、彼は現代の哲学者であるため本論では扱わなかった（山内、参考）。

文献表

文献表

1．『ベンサム・ミル』 関嘉彦編（中公バックス、世界の名著49巻）、中央公論社、1979年。
2．加藤尚武 『現代倫理学入門』 講談社〈学術文庫〉、1997年。
3．中谷猛・足立幸男編 『概説　西洋政治思想史』 ミネルヴァ書房、1994年。
4．杖下隆英・増永洋三・渡辺二郎編著 『テキストブック　西洋哲学史』有斐閣、1986年。
5．山内友三郎 「ヘア——功利主義と正義」『正義論の諸相』 寺崎俊輔・塚崎智・塩出彰編、法律文化社、1989年。

総字数　　　　　　　　　　　計4,283字（表題部、注、文献表は除く）

付録2　接続語・接続表現による文の論理的結合

「論理的な文章を書け」と論文の手引書にはしばしば書いてありますが、そもそも「論理的」とはどういうことでしょうか。論理学では、「ただしい推論によって導かれた」と定義されます。これを日常的レヴェルで言うならば、文と文がただしい推論によって接続されているかどうかということになるでしょう。

論文を構成している文章上の基本的単位は、個々の一文ではなく、論理的に連鎖している文の集合としての**文段＝パラグラフ**です。なぜなら、**論文においてもっとも重要なのは論証の流れであり、文どうしの、さらに文段どうしの論理的結合が説得力ある論証を生み出すからです**。日本における文章作法の著作のなかには、個々の文の洗練や美しさに焦点をあわせたものも多くあります。しかし、こうした作法は、文章の仕上げの時にはおおいに参考にはなっても、論文構成という観点からすれば、有害なものさえあります。

したがって、論理的な文章を書くためには、文と文の結合を担う接続語ないしは接続表現の使い方が重要です。接続語の使い過ぎは、文章の流れをさえぎって読みにくくしますが、適切に活用することができれば、文章の論理的脈絡を明確にして説得力を増すことができます。以下に、接続語と接続表現をおもに機能の点から分類し、その例をいくつかあげておきます。

(1) 添加・列挙：
「この他」、「加えて」、「さらに」、「その上」、「それのみならず」、「なお」、「かつ」（添加）、「第一に……、第二に……」、「まず……、次に……」、「最初に……、二番目に……最後に……」、「……であれ、……であれ」（列挙）

(2) 選択：

「……か、……か」、「……か、あるいは（または、さもなくば）……」、「……でもなく、……でもない」、「もしくは」

(3) 比較・対照：

「と同様に」、「と同じように」、「に似て」（類比）、「逆に」、「反対に」、「それにも拘わらず」、「しかし（ながら）」、「けれども」、「たとえ……であっても」（反意）、「一方で……、他方で……」、「それに対して」、「ところで」、「もっとも」（対比）

(4) 目的：

「このために」、「……のために」

(5) 原因・結果：

「なぜなら」、「……ゆえに」、「……によって」、「……のせいで（おかげで）」（原因）、「その結果」、「……の結果として」、「それゆえ」（結果）

(6) 帰結：

「よって」、「したがって」、「それゆえ」、「だから」、「……に応じて」、「こうして」、「このように」

(7) 例証：

「例えば」、「このように」、「その例として」

(8) 要約・結論：

「つまり」、「要するに」、「以上のように」、「このように」、「結局」、「結論として」、「結論すれば」、「すなわち」、「言いかえれば」

接続詞の使用に関しては、石黒圭『文章は接続詞で決まる』光文社新書、2008年を参考にしてください。

付録3　インターネットの利用法

I. ネット検索について

　インターネットやそれを利用した電子メール、ソーシャル・ネットワーキング・システム（SNS）、スマートフォンやパッドによる通信はすでにわたしたちの生活にふかく浸透し、研究や教育のあり方も根本的に変えました。

　大学教育に話をかぎっても、ホームページ（以下、HPと略）上での大学案内、講義情報、教員や研究室の紹介などはもちろん、講義ではネット上の文献が参考図書に指定されたり、電子メールで教師と質問やレポートのやりとりをしたりと、インターネットなしには1日たりともすごせないほどになっています。

　レポートや論文を書くに当たってもインターネットを有効に利用すべきです。とくに文献や情報を収集するときには、この上なく強力な道具となります。以下に、**ネット検索の方法**について簡単に述べておきましょう。

　レポート・論文を書く際には、おもに次の三つの点でインターネットが有効利用できます。

(a) 図書検索
(b) 電子ジャーナルの利用
(c) ネット上の情報検索

(a) **図書検索：**

　これは、刊行された図書や雑誌がどこに所蔵されているかをネット上で検索することです。たとえば、大学の図書館にアクセスし、ある書籍がどこに所蔵されているかを検索できます。もちろん、大学の図書館のみならず、公立の図書館や研究所の図書室など、幅ひろく、あなたが求めている資料がどこにあるかを検索できます。海外の図書館にもアクセス可能であること

も言うまでもありません。

　必要な資料がどこにあるか分かった場合は、それをどういうかたちで公開してくれるのか（貸してくれるのか、見せてくれるだけなのか、部分コピーを郵送依頼できるのか）をHP上で調べましょう。電子メールをおくることが可能なら、担当者に質問してみましょう。

　また、インターネット上の書店では、探している本が現在購入可能かどうかをしらべることもできます。

(b)　電子ジャーナルの利用：

　大学や研究所などのローカル・エリア・ネットワーク（LAN）を利用して、そこに所属している研究者・職員・学生だけが、電子ジャーナルをオンライン上で読むことができます。

　それ以外にも無料で利用できるオープンアクセスジャーナルが提供され、個人が自宅でも学術的な著作物を利用できるようになっています。大学によっては製本雑誌を図書館に保存することをやめ、電子ジャーナルのみを購入しているところもあります。今後、学術雑誌、大学紀要、研究目録などはさらに電子化してゆきます。

(c)　ネット上の情報検索：

　これは、インターネット上で公開されている情報を検索して利用することです。以下のような情報が、ネット上で有料ないし無料で閲覧することができます。

　　○ニュース：新聞社やテレビ局などマスメディアが提供。
　　○官報・議会資料・白書・政府自治体情報：各国政府、官公庁、地方自治体、政府系シンクタンクが提供。

○辞書・百科辞典・専門辞典：出版社、大学研究室などが提供。
○統計資料：政府系統計センター、国連統計局、全国統計協会連合会など民間統計機関が提供。
○法令集・判例集：法務省、裁判所が提供。
○研究所、博物館、美術館などのデータベース：日本の国立情報学研究所の多様なサービス、国内外の博物館・美術館が提供。
○研究者の個人ＨＰ上の記事・論文：大学教員や研究者が個人的に開設しているＨＰ上での記事や論文。
○ＨＰ上で公開されている大学・研究所の紀要や雑誌：大学が発行している紀要や雑誌をＨＰ上で外部に公開している場合。

これ以外に多種多様な情報リソースがあります。くわしい検索の仕方については、以下の著作を参考にしてください。
　　伊藤民雄　『インターネットで文献検索2016年版』　日本図書館協会、2016年。
　　慶應義塾大学日吉メディアセンター　『情報リテラシー入門』慶應義塾大学出版会、2002年。

2. 情報倫理とネット上の著作権

(1) **情報倫理**：

先にふれましたように、インターネットの発達は、現代社会のコミュニケーションのあり方を一変させました。しかし、インターネットは、簡単で、だれにでも、どこまでも開かれているがゆえに、悪用や不適切な利用が絶えません。不正な利用を防ぐための倫理観が、インターネット社会には求められていま

す。「情報化社会において、他人の権利との衝突を避けるために、各人が守るべき最低限のルール」を**情報倫理**と呼びます。情報倫理は、おもにプライバシーや著作権、知的財産権にかかわります[*1]。

　レポート論文の作成に当たっても、この情報倫理に十分配慮する必要があります。学生から提出されるレポートでは、作為・不作為をとわず、不法ないしは不適切なネット情報の利用が目につきます。ここでは、ネット上の情報を利用するときの留意点にふれておきます。

(2)　**ネット上の著作権：**

　インターネットについては、さまざまな情報倫理上の問題（HPの著作権、利用者プライバシーの保護、リンクを張るときの注意など）が存在しますが、レポートや論文を書くときにもっとも注意すべきは、やはり著作権です。

　日本も含めた多くの国の法律では、作品ができると同時に著作権が発生するものとされています。当然、ネット上の著作物も同様のあつかいを受けますので、「5.3.1　著作権と引用の仕方」を参考にして、その利用に当たっては十分に著作権に配慮してください[*2]。

　たとえば、研究者個人のHPなどで、その内容を無断で利用することを禁じている場合もあります。あるいは、ネット上でディスカッションや投稿、意見の掲載などがされている場合に

[*1]　梅本吉彦編著　『情報社会と情報倫理』　丸善、2002年：越智貢・土屋俊・水谷雅彦編『情報倫理学』　ナカニシヤ出版、2000年参考。
[*2]　半田正夫　『インターネット時代の著作権――実例がわかるQ&A付』（丸善ライブラリー）丸善、2001年。

も、それを利用する場合は発言者からの許可が逐一必要だと考えてください。また、HP上で自由に閲覧できる論文やデータも、利用するときには出版社の許可が必要だったり、引用頁数については先に出版されている冊子体（紙に印刷された普通の雑誌）のほうを参照すべきであったり、さまざまな注意が必要です。もちろん、**利用できるネット資料であっても、出典を示さずにレポートや論文で引用・参考すれば、不正な提出物であるばかりではなく、不法でもあります。**

3. 電子化された資料 (electric resource) からの引用の仕方

　レポートや論文で、電子化された資料（インターネット上の情報、電子メール、CD-ROMなど）などを引用する場合にも、引用のルールをまもり、典拠先を明示する必要があります。以下、文献表における資料の表記の仕方を示します。

A. コンピュータ・ネットワークからの資料（電子ジャーナル、オンライン新聞・週刊誌、ネット上の電子テキストなど）の場合
著者名□「論文・記事名」□『雑誌・新聞名』巻号数、[発行所、] 刊行年[月・日]、掲載全頁数、オンライン、「文献・情報を閲覧した場所」、コンピュータ・ネットワーク名、アドレス（アクセスした日）。

〈例〉　森岡正博　「自然化するテクノロジーの罠——無痛文明論⑹」『仏教』49号、2000年2月、63-98頁、オンライン、「森岡正博の生命学ホームページ」、インターネット、http://www.lifestudies.org/jp/mutsu06.htm（2002/10/30にアクセス）。

上のように、著者名から掲載全頁数までは、通常の学術雑誌

や新聞などの文献表の書き方と変わりません。**そのあとに「オンライン」と書き加え**、それから、「文献・情報を閲覧した場所（HPの名称など）」、「使用したコンピュータ・ネットワーク名」、「アドレス」、「アクセス日」をいれてください。「文献・情報を閲覧した場所（HPの名称など）」は括弧で囲みます。

B．電子メールなど個人的なコンピュータ・コミュニケーションの場合

手紙の著者□「題名」□メールの説明、日付。

〈例〉 河野哲也 「レポートとSNS」 慶応花子への電子メール、2017/10/10。

C．CD-ROMに入ったデータ・ベースや著作の場合

著者名□「論文・記事名」□『CD-ROMのタイトル』巻号数・番号、CD-ROM、発行所、刊行年［月・日］。

〈例〉 『会社四季報CD-ROM 2017年4集秋号』 CD-ROM、東洋経済新聞社、2017年9月。

CD-ROMに収められたデータや著作の場合も、表示すべき内容は書籍のばあいと同じですが、『**CD-ROMのタイトル**』（巻号数・番号）と「発行所」のあいだに「**CD-ROM**」といれてください。同じ内容のものを出版社が書籍とCD-ROMの両方で発行している場合がありますので、どの媒体を利用したのか明示するためです。

D．それ以外の情報

これ以外のネット上の情報を使った場合も、できうるかぎり、

うえのAで示した電子ジャーナルやオンライン新聞の表記の仕方に準じてください。引用する場合には、インターネットから情報を取得したことを注で明記し、すくなくとも、

　・著者名
　・記事・論文名
　・文献・情報を閲覧したネット上の場所（HPの名称など）
　・使用したコンピュータ・ネットワーク名
　・アドレス
　・アクセス日

についての情報を記載してください。

参考文献

日本語論文のための手引書

　近年では、すぐれた論文の書き方の著作が以前よりははるかにたくさん出版されるようになりました。今後の大学では、入試も含めてますます論述力が重視されるようになると思われます。本書でも参考にした以下の著作は、大学生レベルを対象とした手引書のなかではもっとも信頼できるものです。若干のコメントをつけながら紹介します。

⑴　戸田山和久　『新版　論文の教室——レポートから卒論まで』　NHK出版、2012年。
　▶　人文・社会科学系にとってとてもおもしろく読めて、論文の書き方が具体的に学べる本です。

⑵　木下是雄　『理科系の作文技術』　中央公論社〈新書〉、1981年。

⑶　───『レポートの組み立て方』　筑摩書房、1990年。
　▶　ロングセラーを続ける信頼できる論文作成法です。⑶は人文・社会科学系向け。

⑷　斉藤孝・西岡達裕　『学術論文の技法　新訂版』　日本エディタースクール出版部、2005年。
　▶　これらはかなり本格的で、卒業論文以上の論文を準備している人に向いています。

⑸　澤田昭夫　『論文の書き方』　講談社〈学術文庫〉、1977年。

⑹　───『論文のレトリック』　講談社〈学術文庫〉、1983年。
　▶　実例に富み、実践的な論文作成法が学べます。学生には、木下の著書と共に強く薦めます。とくに外国語文献を多く扱う人文・社会科学系に有益です。

(7) 中村健一 『論文執筆ルールブック』 日本エディタースクール出版部、1988年。
- ▶ スタンダードで信頼できる日本語論文作成手引書です。現在入手しにくくなっています。

欧文向けの論文手引書

文学部の外国文学や外国史専攻の学生は、それぞれの専攻の教授に論文手引書に何を使うかを尋ねたほうがよいでしょう。以下には英語向けの一般的なものをあげました。

(8) ジバルディ，J．『MLA英語論文の手引き　第6版』 原田敬一監修・原田譲治訳編、北星堂書店、2005年。
- ▶ これは、もっともポピュラーな論文手引きです。英文科などでよく使われているようです。洋書を扱っている書店で原典も簡単に手に入ります。しばしば版が改訂されています。英語版は2016年に第8版が出版されています。

(9) トゥラビリアン，ケイト・L．『シカゴ・スタイル　研究論文執筆マニュアル』 沼口隆・沼口好雄訳、慶應義塾大学出版会、2012年。
- ▶ これも英語圏で非常に一般的な論文作成指導書です。英語版は2013年に第8版が出ています。

(10) エコ，ウンベルト『論文作法——調査・研究・執筆の技術と手順』 谷口勇訳、而立書房、1991年。
- ▶ 著名な記号学者の書いた中・上級者向けの論文作法。楽しく読めて実用的ですが、学生にはかなり厳しい要求をしていると言えます。

その他の参考書

(11) 松本茂 『頭を鍛えるディベート入門——発想と表現の技法』 講談社〈ブルーバックス〉、1996年。

(12) 中沢美依 『教育的ディベート授業入門』 明治図書、1996年。

(13) 土山信人 『ディベートで説得・交渉に強くなる本』 山下出版、1993年。

> (11)は日本におけるディベートの第一人者によるディベート入門書です。(12)を代表として「教室ディベートの新時代」というシリーズは教育的ディベートを知るのに有益です。(13)は、ビジネス書の体裁ですが、ディベートについて要領よくまとめています。現在では入手しにくくなっています。

(14) Pardon, Paul and Michel Barlow. *Le Commentaire de Textes au Baccalauréat*. Paris: Hatier, 1978.

> テキスト批評について説明した本は、私の知る限り日本では皆無です。テキスト批評は、実はフランスの大学入試で用いられるやり方で、上のような教科書があります。

(15) 市古みどり編著・上岡真紀子・保坂睦著 『資料検索入門——レポート・論文を書くために』 慶應義塾大学出版会、2014年。

> 文献と資料を収集し調査するためのガイドです。

(16) 香西秀信 『反論の技術——その意義と訓練方法』 明治図書、1995年。

(17) 野矢茂樹 『新版 論理トレーニング』 産業図書、2006年。

> この2冊は議論の構成の仕方について述べてあり、非常に参考になります。(17)の著者は論理的な表現の仕方についてのすぐれた本を多く出版しています。

⒅　シルヴィア，ポール・J.『できる研究者の論文生産術——どうすれば「たくさん」書けるのか』高橋さきの訳、講談社、2015年。
▶　この著作は、論文執筆のモチベーションをどう高めるかというユニークな視点に立った論文執筆指導法です。やや高度ですが、誰にとっても示唆に富みます。

あとがき

　本書はまずは使いやすいハウ・ツー本として書かれました。しかし、読まれた方が、本書のどこかに一貫したコミュニケーションについての考えを感じ取ってくれたなら、筆者としては望外の喜びです。
　知り合いのフランス人にふとしたことで、「論文って何だと思う？」と聞いたときのことです。「それは、序論で問題が示してあって、議論がなされて、結論がある文章だよ」と即座に彼は答えました。教科書どおりです。他のフランス人に同じ質問をすると、もっと簡単に「問いがあって最後にその解決がある文章だね」と言いました。彼は日本語が達者なのですが、「日本の雑誌や新聞の文章のほとんどは、論文とは呼べないな」とつけ加えました。以後、大学を出たフランス人からは、一様におなじ答えが返ってきました。軽いショックを覚えました。彼らにとっては、議論によって、対話形で、文章を書くことが、完全に伝統となっているからです。
　フランス人の書く論文はすべてよい、などと言うつもりはまったくありませんし、日本人でも論理的に明晰な文章や、独創的な発想によって文章を書く人はいくらでもいます。だからこそ、かたちが問題なのです。大学でレポートの採点をしていると、テキストや講義の引き写しが多いのですが、根拠や証拠を示さない自己主張が同じぐらい多いのに驚かされます。それは、「言いっぱなし」ないし「聞きっぱなし」な態度です。そこに欠けているのは、相互的な対話であり、相手を説得しようとする表現であると気づきました。これが本書を己の未熟も省みずに書こうと思った動機です。
　私見によれば、表現における欠落は、思考における欠落であり、同時にある種の社会的な関係の欠落です。本書にこんな問題意識を感じてくれれば幸いです。

*

謝　辞

　本書を書くに当たって多くの人の助言と指導をいただきました。恩師である大江晃慶應義塾大学名誉教授の論文指導が本書の基礎にあります。また、友人である慶應義塾大学講師の弓削隆一氏、大学時代からの友人で陸上自衛隊少年工科学校教員の芹澤敬士氏、大学の講義で原案を検討してくれた室田憲司氏、中村麻里子氏にはいくつかの点で助言をいただきました。みなさまに感謝いたします。また、慶應義塾大学出版会株式会社の坂上弘社長には、突然の持ち込みに快く応じていただき、また貴重な助言をいただきました。同社の村山夏子氏には、編集上のさまざまな点でご指導いただきました。お礼をもうしあげます。

　最後に、原案の作成中に訃報を受け取った従弟の鶴田均の霊に本書を捧げます。

第4版あとがき

　本書は1997年に第一版が出版されましたので、版を重ねながら20年にわたって皆さまに読んでいただいたことになります。著者としては大変に嬉しく思います。最初の版が出た当時はまだ論文としての構成をしっかり説明し、国際的にも通用する論文を書くためのマニュアルはほとんど存在しない時代だったのですが、近年はすぐれた論文作成法も出版されるようになりました。インターネットの発達もめざましく、資料の検索法や収集法は大きく様変わりしました。時代の変化に合わせて関連する内容を加筆修正しました。参考文献も新しく付け加えました。しかし本書の基本的な説明の部分はほとんど変更しておりません。

本書のような導入のための本を読んで、それで論文やレポートがすんなり書けるわけではありません。本書はあくまで皆さんが執筆していく上で、振り返り、チェックするためのものです。今後はこうした論文作成法が、大学だけではなく、高校や中学でも学ばれることを望んでおります。

著者紹介

河野哲也（こうの　てつや）

1985年、慶應義塾大学文学部哲学科卒。
Université Catholique de Louvain（ベルギー）留学。
博士（哲学）。国立特殊教育総合研究所特別研究員、
玉川大学文学部助教授を経て、現在、立教大学文学部教授。
専門は哲学・倫理学。大学導入教育や表現教育の研究も行っている。
本書は、大学通信教育のレポート添削指導の経験をもとに書かれた。

レポート・論文の書き方入門　第4版

1997年8月8日　　　初版発行
1998年5月20日　　　改訂版発行
2002年12月25日　　第3版第1刷発行
2018年2月28日　　　第3版第12刷発行
2018年7月20日　　　第4版第1刷発行
2023年1月25日　　　第4版第3刷発行

著　者───河野哲也
発行者───依田俊之
発行所───慶應義塾大学出版会株式会社
　　　　　〒108-8346　東京都港区三田2-19-30
　　　　　TEL〔編集部〕03-3451-0931
　　　　　　　〔営業部〕03-3451-3584〈ご注文〉
　　　　　　　〔〃　〕03-3451-6926
　　　　　FAX〔営業部〕03-3451-3122
　　　　　振替00190-8-155497
　　　　　https://www.keio-up.co.jp/
組　版───株式会社キャップス
印刷・製本──中央精版印刷株式会社

　　　　　Ⓒ2018　Tetsuya Kono
　　　　　Printed in Japan　ISBN 978-4-7664-2527-7

慶應義塾大学出版会

大学で学ぶ議論の技法
T.W. クルーシアス , C.E. チャンネル著／杉野俊子・中西千春・河野哲也訳　レポート・論文の論理を組み立てるための方法と実例が満載の、論理的な思考を育てる実践テキスト。アメリカの大学生向けロングセラー教科書の翻訳。議論の題材となるエッセイや論文は、読むだけでも示唆に富む。　◎2,000円

論理的な考え方 伝え方　根拠に基づく正しい議論のために
狩野光伸著　グローバルに通じる考え方とは？　科学や学問の考え方とは？　反知性主義ってどうしたら回避できる？　意見の違いを受け止めて、新しい考えを広めるときに、感情や抑制でなく、理解と納得で進める「議論 argument」の方法を解説。◎1,800円

思考を鍛えるレポート・論文作成法 第3版
井下千以子 著　累計3万部の好評レポート・論文入門書の第3版。文献の調べ方・読み方から、フォーマットを使った書き方までを懇切丁寧に解説。また、「引用」時の注意点の追記や重要単語の索引を付し、利便性を向上。　◎1,200円

アカデミック・スキルズ
学生による学生のためのダメレポート脱出法
慶應義塾大学日吉キャンパス学習相談員著　実際に大学の学習相談に寄せられた質問を元に、レポート・論文執筆のポイント／学習テクニックを、大学の学生相談員が「学生の目線」から易しく解説。この一冊で、"ダメなレポート"から脱出せよ！　◎1,200円

レポート・論文の書き方上級 改訂版
櫻井雅夫著　1998年発行のロング＆ベストセラーの改訂版。定評のあった文献引用や、注の形式の類書を圧する充実した実例と解説に加え、具体例を一覧できる章を増補。大学院レベルでのスタンダードな参考書となっている。　◎1,800円

アカデミックライティング入門 第2版
英語論文作成法
吉田友子著　英語論文を書きたい人のための、中・上級レベルのテキスト。本文を読み、練習問題をこなすうちに、必要なスキルとステップをおさえることが出来る構成。文献調査のウェブ活用法や電子文献の使い方など、ネット時代に対応した改訂版。　◎2,000円

表示価格は刊行時の本体価格（税別）です。